Couverture inférieure manquante

ORIGINAL EN COULEUR
NF Z 43-120-8

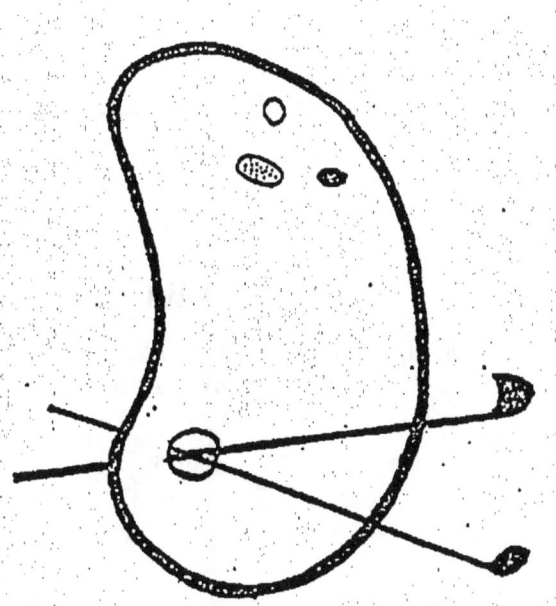

LE GORGIAS

COMMENTAIRE GRAMMATICAL ET LITTÉRAIRE

DES CHAPITRES XXXVII-LXXXIII

PRÉCÉDÉ

D'UNE ÉTUDE SUR LE STYLE DE PLATON

ET SUIVI

D'UN APPENDICE SUR LES MYTHES DE CE PHILOSOPHE

PAR

C. HUIT

DOCTEUR ÈS LETTRES

(*Extrait de la revue l'Instruction publique*)

PARIS

A. LAHURE, IMPRIMEUR-ÉDITEUR

9, RUE DE FLEURUS, 9

1884

LE GORGIAS

10138. — PARIS, IMPRIMERIE A. LAHURE
9, Rue de Fleurus, 9

LE GORGIAS

COMMENTAIRE GRAMMATICAL ET LITTÉRAIRE

DES CHAPITRES XXXVII-LXXXIII

PRÉCÉDÉ

D'UNE ÉTUDE SUR LE STYLE DE PLATON

ET SUIVI

D'UN APPENDICE SUR LES MYTHES DE CE PHILOSOPHE

PAR

C. HUIT

DOCTEUR ÈS LETTRES

(*Extrait de la revue l'Instruction publique*)

PARIS

A. LAHURE, IMPRIMEUR-ÉDITEUR

9, RUE DE FLEURUS, 9

1884

LE GORGIAS

INTRODUCTION

De tout temps le *Gorgias* a passé pour l'un des dialogues les plus achevés et les plus classiques de Platon. Si l'on considère le style, l'atticisme le plus pur y règne d'un bout à l'autre : si l'on s'attache au fond, le sujet traité est une de ces questions de morale politique qui s'imposent dans tous les siècles aux méditations des hommes, question assez pratique pour intéresser les esprits les plus simples, assez élevée pour provoquer les réflexions les plus graves. Tout en se développant avec ampleur, la discussion suit une marche régulière : à peine peut-on y surprendre quelque trace de ces digressions ou de ces subtilités si familières à l'esprit grec. Enfin dans toute l'antiquité païenne il est assurément peu d'écrits que recommandent au même degré la noblesse des principes et la fermeté des conclusions. D'autres motifs seraient manifestement superflus pour justifier la faveur particulière dont ce dialogue n'a pas cessé d'être l'objet.

De remarquables éditions en ont été données dans notre siècle par Thurot[1], Stallbaum[2], Sommer[3] et Bénard[4], pour

---

1. *Gorgias*, dialogue de Platon, traduit du grec et commenté par Fr. Thurot, membre de l'Institut. Paris, 1834.
2. *Platonis Opera omnia*. Vol. II, sect. 1, continens *Gorgiam*. 3ᵉ édition, Gotha, 1861.
3. *Gorgias*, dialogue de Platon, nouvelle édition publiée avec des arguments et des notes en français, par E. Sommer. Paris, 1864.
4. *Gorgias*, ou *de la rhétorique*, traduction de Grou, précédée d'une Étude philosophique sur le *Gorgias*, et suivie d'un Essai sur la Sophistique et les Sophistes, par M. Bénard. Paris, 1865.

ne citer que les noms les plus connus en France. C'est en nous aidant des travaux de ces divers critiques que nous entreprenons à notre tour d'initier la jeunesse studieuse à une intelligence plus complète de ce chef-d'œuvre philosophique.

Les divisions d'une pareille étude sont tracées par le sujet lui-même.

Nous examinerons d'abord le *Gorgias* en quelque sorte par l'extérieur, faisant connaissance avec les divers personnages, cherchant à reconstituer le temps et le lieu de la scène; puis, si l'on peut ainsi parler, nous pénétrerons à l'intérieur, jaloux de connaître par une analyse complète et fidèle la signification précise et la portée véritable du dialogue; enfin, sous forme de notes courtes et substantielles, la dernière partie, et la plus étendue, contiendra tout à la fois l'explication grammaticale et le commentaire littéraire des chapitres inscrits au programme de la licence. Notre but n'est pas de déterminer la place qu'occupent les doctrines du *Gorgias* dans l'ensemble du système platonicien, ou d'éclairer les parties relativement plus obscures par des citations empruntées soit à d'autres auteurs, soit à Platon lui-même : au surplus M. Fouillée s'est acquitté de cette tâche avec un plein succès[1]. Ce que nous voudrions, c'est donner une solution aux problèmes de diverse nature que fait naître chez un esprit réfléchi la lecture attentive du texte, c'est mettre en lumière l'art qui a présidé aux détails comme à l'ensemble de cet admirable monument.

I

LES INTERLOCUTEURS.

Au premier plan, ici comme dans presque tous les dialogues de Platon, nous retrouvons son maître Socrate, dont le caractère, la vie et la mort sont suffisamment connus de tous nos

1. Le *Gorgias*, traduction de Grou, précédée d'une Introduction sur les Sophistes et suivie d'extraits de Platon, Aristote, Cicéron, etc., propres à éclairer le *Gorgias*, par A. Fouillée. — Paris, 1869.

lecteurs. Quoi de plus naturel que de le voir aux prises avec ses adversaires habituels les sophistes! On sait l'aversion que lui inspirait leur vaine prétention à la science, leur avidité, en si complet désaccord avec l'idée qu'on se faisait alors d'un maître de sagesse, leur dédain pour toute espèce de principes, qui les entraînait à sacrifier la recherche de la vérité éternelle à la poursuite d'une popularité passagère. Pour répondre à Gorgias, pour faire justice des théories aussi subversives que séduisantes de Calliclès, l'adversaire d'Hippias, de Protagoras et de Prodicus a été armé par Platon de toute la puissance d'une logique inflexible. De son vivant, sur la foi de certaines apparences, des esprits prévenus ou superficiels avaient pu le confondre avec les sophistes : aujourd'hui pour soutenir pareille thèse, il faudrait commencer par infliger à Xénophon et surtout à Platon le plus audacieux des démentis.

Dans d'autres dialogues, Socrate, interprète des pensées de son illustre disciple au même titre que des siennes propres, s'élèvera plus haut dans les régions de la métaphysique ou creusera avec plus de subtilité les fondements de nos connaissances : nulle part n'éclatera avec plus de force la grandeur morale qui dans la suite des âges est restée et restera attachée à son nom. Sa vie tout entière se trouve retracée ici en perspective, comme pour entourer son enseignement d'une autorité plus haute. Cette solennelle protestation contre la fascination naturelle qu'exercent sur les âmes vulgaires l'intérêt, le plaisir et la passion, cette fermeté sereine qui lui fait envisager sans effroi la mort, si ses concitoyens ne trouvent pas d'autre récompense à décerner à la vertu, cette affirmation d'une justice distributive dans le monde à venir, voilà autant de traits empruntés par Platon au Socrate de l'histoire, mais idéalisés selon sa coutume, et de plus rehaussés par une éloquence que celui-ci n'a jamais connue. Un mot résumera mon impression : le *Phédon* excepté, je ne vois pas de dialogue qui laisse dans l'esprit du lecteur une plus noble image du sage athénien.

Ne parlons ici que pour mémoire du rôle effacé de Chéréphon, ami tout à la fois de Gorgias et de Socrate, uni dès sa jeunesse à ce dernier par des liens assez étroits pour qu'Aristophane dans les *Nuées* l'ait associé à tous les ridicules et à toutes les mésaventures de son maître. Aussi bien, n'est-ce pas en réponse à une de ses questions que l'oracle de Delphes avait proclamé Socrate le plus sage des hommes[1] ?

Gorgias, le plus célèbre ou tout au moins le plus influent des sophistes, était né à Léontini[2] en Sicile dans la 70e Olympiade. Ses biographes s'accordent à affirmer qu'il atteignit un âge très avancé : quelques-uns parlent même de 108 ans. Lors donc qu'Athénée[3] raconte qu'il désavoua officiellement l'attitude que lui prête Platon dans ce dialogue, l'anecdote, si incertaine qu'elle puisse paraître, n'a rien en soi d'invraisemblable.

L'opinion commune veut que, comme Protagoras, Gorgias ait eu sa philosophie, renouvelée de l'idéalisme des Eléates. Si nous laissons de côté un traité prétendu d'Aristote[4] en tête duquel son nom est associé à ceux de Xénophane et de Zénon, il ne restera guère d'autre preuve à l'appui de cette assertion qu'une phrase peu concluante d'Isocrate[5]. Lui-même dans notre dialogue[6] proclame la rhétorique la science par excellence et se raille des sophistes ses émules qui posent en professeurs de vertu. Dans le *Phèdre*[7], Socrate le félicite ironiquement, ainsi que Tisias, « d'avoir découvert que la vraisemblance l'emportait sur la vérité, et de savoir par leur parole toute puissante, faire paraître grandes les choses petites,

---

1. Voir la fin du Ve chapitre de l'*Apologie*.
2. On dit habituellement « Léontium », et, d'après Courtaud-Diverneresse, le mot τὸ Λεόντιον existerait dans Athénée : néanmoins les Latins n'ont employé que le masculin pluriel *Leontini*.
3. *Deipnosoph.*, XI, 500 D. « Ce jeune homme, se serait écrié le vieux sophiste, sait plaisanter délicieusement à la façon d'Archiloque. » — Le rhéteur Aristide (*Orat.* XLVI, p. 387, éd. Dindorf), reprochant à Platon de faire parler à sa guise ses divers personnages, méconnaissait les justes libertés de l'art.
4. Περὶ Ξενοφάνους, Ζήνωνος καὶ Γοργίου.
5. *De Antidosi*, 268. D'autres veulent, sans plus de raison, que Gorgias ait étudié la métaphysique à l'école d'Empédocle.
6. 456 A : Ἁπάσας τὰς δυνάμεις συλλαβοῦσα ὑφ' αὑτῇ ἔχει.
7. 267 A. — Il est difficile de dire ce que signifie au juste dans le *Ménon* (76 C) l'expression κατὰ Γοργίαν ἀποκρίνεσθαι.

et petites les choses grandes, donner un air de nouveauté à ce qui est antique, et d'antiquité à ce qui est nouveau » : ni ce passage ni aucun autre texte de Platon ne décèle en lui autre chose qu'un rhéteur. C'est en vain qu'on chercherait son nom dans la *Physique* ou la *Métaphysique* d'Aristote, lequel au contraire oppose formellement à la méthode des éristiques les procédés mis en œuvre par Gorgias et ses imitateurs[1]. Peut-être dans quelque déclamation notre sophiste s'était-il servi en plaisantant du raisonnement sceptique qu'on lui attribue[2], par ce seul motif qu'il aura plu à un commentateur de le prendre gravement au sérieux.

Sa renommée oratoire en revanche nous est attestée par de nombreux et éclatants témoignages. En 427 ses compatriotes, menacés par les envahissements de Syracuse, l'envoyèrent à Athènes réclamer l'assistance de la métropole[3]. Gorgias était le premier à apporter en Grèce une parole rompue à tous les secrets de la rhétorique, que ses compatriotes Corax et Tisias venaient précisément de réduire en art. Les Athéniens, comme chacun le sait, étaient passionnés pour le beau langage : et l'ambassade de Gorgias à Athènes eut un retentissement comparable à celui que devait avoir, deux cents ans plus tard, celle de Carnéade à Rome. Les Grecs ne tarissaient pas en expressions de ravissement et d'admiration en face de cette diction émaillée de toutes les fleurs, étincelante de tous les feux de la poésie, sous le charme de cette parole qui, au gré de l'auditoire, dans les circonstances les plus solennelles[4], se promenait avec la même assurance et la même grâce sur les sujets les

---

1. *De Soph. Elench.*, 183ᵇ 37.
2. « Si l'être existe, nous ne pouvons pas le connaître; et quand même nous pourrions le connaître, nous n'aurions aucun moyen d'en rendre compte aux autres. » — Étrange emploi de la rhétorique, qui consisterait à parler d'autant plus des choses que l'esprit se refuserait davantage à les concevoir!
3. Thucydide passe cette ambassade sous silence : mais d'autres historiens la racontent en détail (Voir notamment Diodore de Sicile, XII, 53).
4. Mettant à profit les grands jeux et les fêtes nationales, rendez-vous de toutes les tribus helléniques, Gorgias allait de contrée en contrée, faisant partout montre de son talent.

plus divers, et selon le mot d'Aristote[1], triomphait aussi bien de l'ironie par la raison que de la raison par l'ironie. Aussi appelait-on les discours de Gorgias des flambeaux allumés : on accourait, comme à autant de fêtes, à ses représentations oratoires[2] et le rhéteur Philostrate le proclame à bon droit « le père de la sophistique ».

Au point de vue littéraire, la Grèce de 430 n'était pas sans analogie avec la France de 1610, et Gongora et Marini avec leur genre faux et prétentieux n'exercèrent pas un moins grand prestige que le rhéteur sicilien[3]. On disait de Balzac à la Cour qu'il n'y avait pas de mortel parlant comme lui : Gorgias a dû plus d'une fois entendre semblable flatterie. Tous deux, chacun dans sa langue, ont travaillé à embellir la prose, à lui donner du nombre et de l'harmonie, de la souplesse et de l'éclat : mais l'un et l'autre ont dépassé le but. Antiphon, Isocrate, le poète Agathon, le sévère Thucydide lui-même portent à des degrés divers l'empreinte des leçons de Gorgias : mais dans l'Attique le bon goût triomphe avec Platon et Démosthène comme il avait triomphé dans la France du dix-septième siècle avec Descartes, Pascal et Bossuet. On se lassa de ces périodes trop habilement balancées, de ces assonances artificielles, de ces phrases à membres correspondants et symétriques (λέξις ἀντικειμένη) rappelant le parallélisme des lignes sculpturales dans les premiers essais de l'art grec[4].

Nous possédons encore sous le nom de Gorgias un fragment d'oraison funèbre et deux déclamations dont l'authenticité a été de tout temps vivement contestée : l'*Apologie de Palamède* et l'*Éloge d'Hélène*. Platon n'y fait aucune allusion,

---

1. *Rhet.* III, 18.
2. Olympiodore : Ἡμέρας ἑορτάς, κῶλα λαμπάδας. — Cette même Grèce qui avait emprisonné Miltiade, banni Aristide, exilé Thémistocle, cité Périclès en justice, paya, dit-on, d'une statue d'or la faconde vide, mais pompeuse et sonore, de Gorgias. Ainsi vont les choses!
3. Au dire de Philostrate (*Vies des Sophistes*, 501), depuis les plus humbles bourgades jusqu'aux plus opulentes cités, πάντες ἐγοργίαζον.
4. Γοργίας καὶ Πῶλος σφόδρα τοῦ κάλλους πεφροντικότες παντοδαπῶν παρισώσεων πληροῦσι τοὺς λόγους. (Hermogène, *de Formis*, 1).

et ce qui achève de prouver qu'il reproche à Gorgias plutôt son emphase et son abus de la rhétorique qu'une philosophie subversive, c'est qu'il le traite avec de visibles ménagements. Si les principes posés par le sophiste sont faux, d'autres que lui seront chargés d'en tirer toutes les conséquences, même les plus extrêmes. Dans notre dialogue, c'est contre Polus et plus encore contre Calliclès qu'est dirigé l'effort de la discussion[1].

Polus d'Agrigente était un des disciples favoris de Gorgias : jeune homme d'une étonnante présomption, orateur plein de feu, écrivain de quelque valeur, il avait poussé très loin l'art de jouer avec les tournures et les mots. « Que penser de Polus, dit Socrate dans le *Phèdre*, avec ses consonnances, ses répétitions, son abus des sentences et des métaphores, et ces termes qu'il a recueillis dans les leçons de Licymnion pour en farcir ses discours? » D'après le scoliaste, Platon aurait directement emprunté à un traité de Polus les phrases qui terminent le second chapitre de notre dialogue[2], et en réalité on y trouve prodiguées avec affectation les figures que les grammairiens ont appelées παρισώσεις et ὁμοιώσεις, particulièrement recherchées par le rhéteur sicilien.

Reste Calliclès, qui nous est présenté dans le dialogue même comme un Athénien du parti aristocratique, dans toute la force de l'âge, lequel vient d'entrer dans la carrière politique avec les chances de succès que donne dans un état démocratique la culture intellectuelle d'un Périclès jointe à l'absence de principes d'un Cléon. Or, chose étrange, cet homme, nous ne le connaissons que par Platon : l'histoire du temps, sur laquelle se projette une si vive lumière, n'a pas même gardé son nom. Cette figure si vivante, cette personnalité si fortement accusée ne serait-elle qu'une création du philosophe? Mais Platon a toujours soin d'emprunter ses personnages à la réalité. D'autre part est-il admissible qu'un homme aussi remarquable, ayant à son service les ressources oratoires qu'il

1. Cf. Elien, II, 35.
2. 458 C.

déploie dans la discussion, et de plus jaloux de se frayer une route au pouvoir, n'ait joué aucun rôle dans la vie politique d'Athènes? Non, sans doute. Pour échapper à cette contradiction, un érudit allemand, M. Cron, a imaginé une hypothèse tout au moins ingénieuse[1]. Il s'est demandé si l'écrivain n'avait pas à dessein fait choix d'un nom, propre à dissimuler plutôt qu'à trahir celui qu'il avait en vue, et, partant de cette idée, il a cherché dans les annales d'Athènes l'homme d'État qui répondait le mieux au portrait de Calliclès.

Remarquons qu'il s'agit d'un ami de Socrate[2], séparé de lui par un abîme au point de vue des principes, mais rapproché en même temps par les liens d'une indiscutable sympathie : d'un raisonneur habile, qui prendrait volontiers pour lui le mot de Pascal : « Se moquer de la philosophie, c'est encore philosopher »; d'un politique raffiné, qui ne se plie aux caprices d'une foule qu'il méprise que dans le but avoué de la mettre un jour à ses pieds ; d'un lettré enfin, qui connaît et cite volontiers son Euripide et son Pindare, parce qu'il sait combien ses contemporains sont sensibles au charme des beaux vers. Ce n'est pas Alcibiade, bien que certains traits fassent aussitôt penser à ce jeune ambitieux : ce n'est pas Théramène, victime des Trente après avoir été leur complice : mais, dit Cron, comment ne pas reconnaître à tous ces traits Critias, le parent de Platon, l'ami et l'élève de Socrate, l'un des tyrans d'Athènes, l'homme qui dans le *Charmide* prélude au rôle qu'il aura à jouer dans le *Gorgias?* Mais d'où vient le déguisement qui lui est ici imposé? du caractère profondément méprisable des théories dont il se constitue le défenseur, et dont Platon devait naturellement hésiter à charger sa mémoire.

Quoi qu'il en soit de cette explication, Calliclès dans notre dialogue soutient avec une sorte de conviction hautaine cette thèse déjà défendue avant lui par un disciple d'Anaxagore,

---

1. Voir son ouvrage intitulé : *Beiträge zur Erklärung des Platonischen Gorgias* von Christian Cron, Leipzig, 1870 et le compte-rendu qu'en a donné M. Nicole dans la *Revue critique* (26 avril 1873).

2. Ch. XLI. « Je pense bien de toi, Socrate, et je suis de tes amis. »

Archélaüs[1], et par Protagoras, à savoir que les lois sont des chaînes forgées arbitrairement par les faibles et que le pouvoir appartient de droit au plus habile et au plus fort. Qu'on lise dans Sophocle l'éloquent appel d'Antigone[2] ou du chœur de l'*Œdipe-Roi*[3] aux lois éternelles, œuvre de la divinité, dans Aristophane l'émouvant débat qui s'établit entre le Juste et l'Injuste[4], dans Thucydide enfin les pages consacrées par le grand historien à l'affaire de Mélos[5], et l'on se convaincra que Platon en descendant ainsi dans la lice avait en face de lui, non des adversaires imaginaires, mais des théories qui tendaient chaque jour davantage à s'incarner dans les faits. De là la haute opportunité de ce dialogue, où son courage civique n'éclate pas moins que son profond génie.

Comme nous le verrons plus loin, Gorgias, Polus et Calliclès représentent trois périodes successives de la décadence morale et sociale d'Athènes. La subtilité des commentateurs anciens a voulu raffiner davantage. « On était tombé, dit Cousin[6], dans des problèmes d'une minutie extravagante sur le nombre des personnages du *Gorgias*, et on avait institué la question de savoir pourquoi sur cinq interlocuteurs il y avait trois rhéteurs et deux philosophes : question à laquelle il fut répondu que le nombre des rhéteurs devait être impair, ἀδιαίρετος, et celui des philosophes pair, διαίρετος. » Nous aurons garde de nous attarder à la suite d'Olympiodore à réfuter gravement de pareilles futilités.

---

1. V. Diogène Laërce, II, 16 : Τὸ δίκαιον εἶναι καὶ τὸ αἰσχρὸν οὐ φύσει, ἀλλὰ νόμῳ.
2. Vers 448-458.
3. Vers 863-920.
4. « Les philosophes me nomment l'Injuste, parce que, le premier, j'ai imaginé le moyen de contredire la justice et les lois : mais c'est chose qui vaut des sommes d'or de prendre en main la cause la plus faible et de la gagner. »
5. V, 105. — Cf. III, 82 et I, 76.
6. *Fragments de philosophie ancienne*, p. 296.

II

TEMPS ET LIEU DE LA SCÈNE

De même que la discussion rapportée dans le *Protagoras* a pour théâtre la demeure du riche Callias, de même on admettait jusqu'ici que les interlocuteurs du *Gorgias* étaient réunis dans la maison de Calliclès : mais certains détails font croire de préférence que tout se passe au Lycée ou dans quelque autre gymnase public, où Gorgias et Polus se trouvaient avec Calliclès à l'arrivée de Socrate. Plusieurs passages[1] montrent que le débat se poursuit devant un cercle d'auditeurs.

A quelle date se place l'entretien ? Bœckh répondait : en 427, c'est-à-dire l'année même où Gorgias se produisit avec tant d'éclat à Athènes. Mais cette assertion ne résiste pas à une lecture même rapide de notre dialogue. Ainsi Archélaüs de Macédoine, dont il est fait mention, n'est monté sur le trône qu'en 414[2] : l'*Antiope* d'Euripide qui se trouve citée[3], n'a pas été composée avant 410, et la première disgrâce d'Alcibiade date du procès des Hermocopides (415). Une autre allusion nous renvoie même aux dernières années de la vie de Socrate. « Je ne suis point du nombre des politiques, dit le philosophe[4] : et l'an passé le sort m'ayant fait sénateur, lorsque ma tribu présida à son tour l'assemblée et qu'il me fallut recueillir les suffrages, je me rendis ridicule parce que je ne savais comment m'y prendre ». Or d'après l'*Apologie*[5] et les *Mémorables*[6], la seule intervention de Socrate dans la vie publique se place en 406; on sait avec quelle fermeté le philosophe, dési-

---

1. 447 C, 458 C, etc.
2. C'est du moins l'année généralement admise, car rien n'est plus confus que la chronologie macédonienne.
3. 485 E, 486 B, 493 E.
4. 473 E.
5. 31 D et 32 B.
6. I, 1, 18.

gné pour diriger les débats de l'assemblée le jour où passèrent en jugement les vainqueurs des Arginuses, refusa malgré les cris de la foule assemblée de mettre aux voix leur condamnation. Cette circonstance a déterminé la plupart des critiques à adopter la date de 405. Il est vrai que Périclès est représenté comme « mort depuis peu[1] » : mais cette expression, qu'Athénée relève avec une vivacité toute particulière[2], ne constitue pas une objection bien sérieuse[3]. Enfin ceux qui comme Cron, préfèrent la date de 416, allèguent, non sans raison, la fréquence des anachronismes, calculés ou involontaires, dans les divers écrits de Platon[4]. La question, il faut l'avouer, est de mince importance.

III

DATE DE LA COMPOSITION DU *Gorgias*

Il y a, ce semble, plus d'intérêt à se demander à quelle époque a été rédigé et publié le *Gorgias*. Ast le considère

---

1. 503 C : Νεωστὶ τετελευκώς.
2. *Deipnosoph.*, V, 217 C : Ὅτι δὲ πολλὰ ὁ Πλάτων παρὰ τοὺς χρόνους ἁμαρτάνει, δῆλόν ἐστιν ἐκ πολλῶν· κατὰ γὰς τὸν εἰπόντα ποιητήν· ὅττι κεν ἐπ' ἀκαίριμαν γλῶτταν ἔλθη, τοῦτο μὴ διακρίνας γράφει·
3. Thucydide se sert du même mot (I, 95) en parlant d'un intervalle de près de vingt ans. — Cf. Cicéron, *de Nat. Deorum*, II, 50 : « Nuper, id est, paucis ante sæculis. »
4. Ce n'est pas le lecteur moderne qui sera tenté de dire à Platon avec un des personnages de Térence : « Non sat commode divisa sunt temporibus, Dave, hæc » : il approuvera bien plutôt la réflexion de Macrobe (*Saturn.*, 1) : « Annos coeuntium mitti in digitos, exemplo Platonis nobis suffragante, non convenit. » C'est qu'en effet, selon la remarque très juste de Cousin, une fidélité trop scrupuleuse à un cadre dramatique eût ôté à Platon tout contact avec son temps et par conséquent toute influence sur ce temps : quant à l'art, nous n'hésitons pas à ajouter qu'une exactitude trop minutieuse eût été moins un mérite qu'un défaut, une servilité contraire à la liberté de l'art qui en idéalisant tout, élève jusqu'à lui et transforme non seulement les caractères, mais les temps, et dédaigne une fidélité pédantesque et insignifiante à la chronologie. L'art a une fidélité et des engagements un peu plus élevés et d'un bien autre caractère.

comme contemporain du procès de Socrate, Ribbing le place parmi les premiers dialogues de Platon : erreur d'autant plus étrange, que les allusions à la condamnation et à la mort de son maître y sont plus explicites[1] : il semble même que le souvenir encore présent de cette suprême injustice ait dicté ces jugements sévères, d'une part sur la démocratie athénienne et ses plus légitimes idoles, de l'autre sur les flatteries que lui prodiguent à l'envi sophistes, rhéteurs et hommes d'État.

D'ailleurs tout nous montre dans ce dialogue l'œuvre d'un génie mûri par la réflexion et par l'expérience. Jusqu'alors dans sa lutte contre les sophistes Platon avait fait appel de préférence aux créations brillantes de son imagination, aux subtilités d'un esprit merveilleusement fin et aiguisé. Ici la plaisanterie, enjouée ou satirique, n'est pas absente, mais elle ne tient qu'une place discrète : de part et d'autre on se défend avec vigueur et la polémique s'élève à la hauteur d'une question de principes. Si le *Protagoras*, ce chef-d'œuvre au point de vue de la mise en scène, a plus de brillant, il y a dans notre dialogue plus de vigueur et plus de vie. Les écrits antérieurs de Platon trahissent pour la plupart une pensée encore un peu flottante : les sauts parfois brusques et capricieux de la conversation, le vague peut-être intentionnel des conclusions, l'imprévu de certaines digressions sont pour déconcerter nos habitudes modernes. Ici comme dans le *Banquet* la même thèse, vivement attaquée et non moins savamment défendue, domine et éclaire toutes les péripéties de la discussion : Socrate, disons mieux, Platon proclame sa conviction, comme plus tard dans le *Phédon* et dans la *République*, avec une fermeté sereine et une liberté toute virile, et précisément parce qu'il se sait assuré de la victoire, il n'hésite pas à prêter à ses adversaires eux-mêmes sa propre éloquence.

Est-il besoin d'ajouter que la composition du *Gorgias* porte la marque d'un art achevé? On en a la preuve dans l'habile gradation qui met Socrate en présence d'adversaires toujours plus hardis et plus redoutables[2], aussi bien que dans l'importance

---

1. Voir notamment 486 A, 508 C, 512 E.
2. C'est ce qui ressort en effet même d'un rapide examen. Gorgias se borne à proclamer la rhétorique un art plus brillant, plus popu-

et la gravité croissantes des questions soulevées et résolues. Les rôles sont parfaitement distribués, et si distinctes que soient les trois phases de l'attaque et de la défense, il est facile de reconnaître que c'est une seule et même bataille qui se livre sous nos yeux. Aussi Saisset plaçant le *Gorgias* à côté de la *République* et du *Timée*, le comptait-il parmi ces dialogues « qui par la grandeur et l'harmonie des proportions, par la sûreté de la main, par la sobriété des ornements, par la délicatesse des nuances, par la lumière sereine qui en éclaire et en embellit les parties, décèlent un maître arrivé à posséder tous les secrets de son art. »

Le même mérite se retrouve jusque dans le détail de l'exécution. Ainsi chez les tragiques grecs, comme on le sait, les récits ou les discours étendus sont précédés d'un de ces dialogues ailés où les interlocuteurs se renvoient la parole et se lancent trait pour trait. Il en est de même dans notre dialogue, sans que l'unité de l'ensemble ait à en souffrir et peut être n'en est-il point où se révèlent mieux les aptitudes dramatiques de Platon. Steinhart est allé jusqu'à comparer le *Gorgias* à une tragédie en cinq actes : le ton grave et comme inspiré de certaines pages rappelle les chœurs en honneur sur la scène athénienne et le mythe final fait songer à la divinité qui intervient au dénouement du *Philoctète* ou de l'*Iphigénie*. On nous assure que Platon rêvait de substituer ses propres

---

laire que tout autre : son excuse, c'est qu'il y excelle ; au reste il se montre aussi peu désireux de se brouiller avec la morale que de s'en constituer l'apôtre. Polus est le rhéteur dont la suffisance ne voit rien au delà de sa stérile faconde et qui dans la discussion, alors que les arguments sérieux lui manquent, cherche à épouvanter par de grand mots ou à séduire par des traits d'esprit. A de semblables adversaires, il suffit d'opposer leurs perpétuelles et inévitables contradictions. Mais voici Calliclès, l'homme d'action plein de mépris pour la philosophie, l'ambitieux sans scrupule qui fait de son talent de parole un instrument de règne et proscrit la morale, parce que la morale gêne son instinct de domination. Contre lui c'est une lutte en règle qu'il faut soutenir : mais aussi la victoire du droit sera éclatante.
— C'est ainsi que dans notre propre histoire, Fontenelle a été suivi par Rousseau et Voltaire, et ceux-ci par les violents de la Terreur.

dialogues aux chants des poètes dans l'éducation de la jeunesse : plus d'un écrit en vers, il faut le reconnaître, contient infiniment moins de véritable poésie.

Toutefois ce serait se tromper que de reculer jusqu'après la fondation de l'Académie la publication du *Gorgias*. Au fond, c'est un dialogue encore socratique. Platon a creusé les principes posés par son maître : il en a mesuré toute la portée, il en a discerné les lacunes et nous touchons à l'heure où renouvelant par une intuition de génie la science du vrai et du bien, telle que l'avait conçue Socrate, il se flattera de lui donner désormais une base inébranlable par sa théorie des Idées. Dans notre dialogue, cette théorie existe, si l'on peut ainsi parler, à l'état de pressentiment : quoi qu'on ait dit, il n'y a aucun passage qui soit marqué de son empreinte[1]. Qu'on analyse, par exemple, la distinction du bien et du plaisir ; superficiellement esquissée dans le *Protagoras*, ici elle est sans doute l'objet d'une démonstration presque complète : mais que nous sommes loin encore de la profonde métaphysique du *Philèbe!* En dehors de quelques réminiscences d'anciens poèmes philosophiques, rien ne trahit la connaissance de systèmes étrangers : la tradition commune suffit à expliquer certains vestiges plus ou moins apparents de pythagorisme[2]. Les vues que Platon avait résumées dans l'*Apologie* sur la mission du philosophe, il les reprend ici pour leur donner un éloquent développement : peut-être voulait-il répondre à ceux de ses amis qui, mécontents de le voir s'absorber tout entier dans la méditation et dans l'étude, le pressaient de jouer le rôle politique auquel ses talents semblaient le prédestiner[3]. Toutes ces considérations réunies assignent

---

1. Voir plus loin le commentaire du chapitre LII.
2. Notamment 493 A, 507 E, 508 A.
3. Aux yeux de Schleiermacher cette tendance apologétique est d'une évidence indiscutable. « Es scheint fast, écrit-il (*Præf. ad Gorg.*, p. 19), als habe die Apologie des Socrates die persönliche Beziehung nicht sowohl verloren, als vielmehr verändert, und sei eine Apologie des Platon geworden. Sich selbst zu rechtfertigen über seine fortdauernde politische Unthätigkeit, zugleich aber auch zu zeigen, wie furchtlos er seinen philosophischen Weg fortzusetzen denke, diese Absicht lässt sich gar wohl denken in etwas späterer Zeit. »

à ce dialogue sa place naturelle à la suite de l'*Apologie*, du *Criton*, du *Ménon*[1], à côté de l'*Euthydème*, dans la période comprise entre la mort de Socrate et le temps où Platon, revenu de Sicile, inaugure à Athènes son enseignement.

IV

ANALYSE DU *Gorgias*

Socrate et Chéréphon rencontrent Calliclès sortant émerveillé d'une séance oratoire où Gorgias vient de se faire applaudir. Quelle est la vertu de cet art extraordinaire? demande Socrate, en priant ses interlocuteurs de discuter avec lui la question dans un dialogue serré, et non dans de longues tirades. La rhétorique est l'art de discourir, répond d'abord Gorgias : mais d'autres arts agissent également par la parole. — Le sophiste la vante comme étant ce qu'il y a de meilleur dans les choses humaines; mais qu'est-ce à dire et chacun n'entend-il pas le bien à sa façon? — Ne serait-ce pas plutôt l'art de persuader? mais sur quelles affaires, et de quelle nature est cette persuasion? Est-il nécessaire à l'orateur de s'instruire de la nature des choses, ou toute son habileté consiste-t-elle à en simuler la science? S'il connaissait vraiment toute la beauté et la dignité de la justice, serait-il exposé si fréquemment à abuser injustement de son art? (Chapitres I-XV.)

Mécontent du tour que prend la discussion, Polus y intervient pour demander à Socrate ce qu'il pense lui-même de la rhétorique. C'est, répond-il, le propre des esprits qui se distinguent par un mélange d'adresse et d'audace, un simulacre de la politique raisonnée, un genre de flatterie qui se colore des dehors de la justice. Mais alors, s'écrie Polus, comment expliquer la renommée et la puissance des orateurs? — Sans doute ils font ce que bon leur semble : néanmoins parce qu'ils font

---

[1]. Au point de vue du groupement des personnages, l'analogie est frappante entre Ménon et Gorgias d'une part, Anytus et Calliclès de l'autre.

le mal, ils travaillent en réalité contre eux-mêmes. S'il fallait absolument commettre une injustice ou la souffrir, j'aimerais mieux, dit Socrate, la souffrir que la commettre. — Mais Archélaüs, ce Macédonien couvert de tous les forfaits, ne jouit-il pas du trône qu'il a criminellement usurpé? — Non, répond Socrate, et il est même d'autant plus malheureux que ses crimes sont demeurés impunis. Notre intérêt bien compris exige que nous allions de nous-mêmes au-devant du châtiment, et la seule utilité de la rhétorique est de convaincre et de poursuivre l'injustice. (Chapitres XVI-XXXVI.)

Ici le débat s'élève à toute sa hauteur. Calliclès, qui succède à Polus et à Gorgias, réduits l'un et l'autre au silence, ne voit qu'un sophisme dans la théorie exposée par Socrate. Le véritable ordre, la véritable justice, c'est la satisfaction de ses penchants, c'est la domination du fort sur le faible : ainsi le veut la nature. On est d'autant plus heureux qu'on a plus de convoitises et plus de moyens de les assouvir. La philosophie est bonne tout au plus à amuser la jeunesse; l'âge mûr a d'autres visées et d'autres ambitions. Sans doute les lois positives protègent les faibles contre les empiètements des puissants; mais ce sont des conventions arbitraires que méprisent à bon droit les habiles, lorsqu'à des talents supérieurs ils joignent une âme énergique et forte. (Chapitres XXXVII-XLI.)

Ces déclamations hautaines ne réussissent pas à déconcerter Socrate. Si le droit du plus fort doit l'emporter, c'est à Calliclès à obéir au peuple, non à lui commander, car la multitude est plus forte que l'individu. Puis Socrate attaque directement les théories de son adversaire, d'abord sous le couvert de l'allégorie, ensuite par une démonstration en règle. Non, le bien n'est pas le plaisir, car le bien et le mal sont contradictoires, tandis que le plaisir suppose toujours à quelque degré le besoin et la douleur, et d'ailleurs se rencontre indifféremment, de même que la peine, chez le bon et chez le méchant. S'il convient de le rechercher, ce n'est qu'en vue du bien. Donc tout art, musique, poésie, rhétorique, qui sans souci de sa fin morale, ne s'applique qu'à plaire, s'avilit et se déshonore. De même qu'il y a dans le corps une harmonie qui crée la santé, de même il y a un équilibre de l'âme qui est la première condition de la vertu. (Chapitres XLII-LXI.)

Calliclès est vaincu et renonce de dépit à la discussion. Socrate en profite pour réunir dans une exposition éloquente les conclusions mises en lumière pendant toute la discussion précédente. Puis, jugeant d'après ces principes les politiques les plus célèbres d'Athènes, il les montre travaillant à la prospérité matérielle de l'État, mais, faute grave entre toutes, négligeant d'assurer son progrès moral. Il sait le sort qui l'attend, le jour où le peuple, dont il a été le conseiller, jamais le flatteur, s'avisera de le traduire devant un tribunal. Mais que lui importe l'exil ou la mort? il a pour lui le témoignage de sa conscience. (Chapitres LXII-LXXVIII.)

D'ailleurs, l'injustice qui n'a pas été châtiée ici-bas restera-t-elle impunie? Non : aux enfers Jupiter a institué un tribunal suprême devant lequel la fausse rhétorique est désarmée, tandis que la vérité seule est éloquente. Les âmes, jugées d'après les marques qu'elles gardent de leurs désordres et de leurs passions, sont punies ou pour un temps ou pour l'éternité, selon qu'elles sont reconnues susceptibles ou incapables de guérison. Le but de Socrate est de mettre son âme en état de soutenir le regard de ses juges. Que Calliclès se pénètre des mêmes maximes, puisqu'au terme de ce long entretien elles apparaissent comme les seules raisonnables et les seules vraies. (Chapitres LXXIX-LXXXIII.)

Tel est le résumé du *Gorgias*. Supprimez l'une ou l'autre phrase de ce dialogue : on pourrait le croire sorti d'une plume chrétienne.

V

LA RHÉTORIQUE, D'APRÈS PLATON

Nos sociétés modernes, où l'on parle et où l'on écoute beaucoup, mais où l'on écrit et où on lit plus encore, ne nous donnent qu'imparfaitement l'idée de ces républiques antiques où, selon un mot de Fénelon souvent répété, tout dépendait du peuple et le peuple dépendait de la parole. Aujourd'hui ce n'est plus comme autrefois la place publique, c'est la presse qui est le champ de bataille des intelligences et l'arme par excellence des partis. Socrate, dialecticien ingénieux et subtil, étranger aux discussions de l'agora, avait passé presque indifférent à côté de cette puissance nouvelle, la rhétorique, qui venue naguère de Sicile, trouvait à Athènes un terrain merveilleusement préparé. Accusé contre toute vraisemblance, condamné à mort contre toute justice, il fit une triste, mais éclatante expérience de l'empire qu'exerçaient sur les masses les rhéteurs artificieux et véhéments formés à l'école des sophistes[1].

La leçon ne devait pas être perdue pour Platon. A cette éloquence frelatée et funeste il déclarera une guerre implacable. Il la montrera asservie aux passions les plus basses et les plus violentes, et dissimulant mal la pauvreté du fond sous la sonorité pompeuse, sous la parure affectée de la forme[2]. Si Gorgias s'en vante et s'écrie : « Quel que soit le sujet d'une délibération, on a recours à l'orateur, parce que son art lui fournit seul et sans le secours de la science, les moyens nécessaires pour persuader », Socrate lui répond : « Ton art n'est qu'une flatterie et une déclamation honteuse[3]. » Instruire les autres, les rendre plus éclairés sur leurs véritables intérêts, plus forts dans la

---

1. « En préparant d'habiles parleurs, les sophistes armaient des ambitieux. Ils ont déployé une finesse remarquable à décrire les procédés du langage et à les perfectionner. Mais l'âme de l'écrivain et de l'orateur leur échappe ou s'ils y touchent, c'est pour la corrompre » (Egger, *Histoire de la critique chez les Grecs*, p. 77). — Euripide lui-même, ce disciple ingénieux des sophistes, n'a pu s'empêcher de railler leurs pratiques (Cf. *Hippolyte*, v. 988). Il est vrai que le fils de Thésée, tout en jurant bien haut qu'il ne connaît pas la rhétorique, ne laisse pas de composer son apologie à la façon des rhéteurs.

2. Voici comment un journaliste contemporain décrit et apprécie les plus brillants de ses confrères : « La rhétorique, — c'est-à-dire la forme sans le fond, l'apparence sans la réalité, l'art de bien dire des choses qui n'ont d'autre mérite que d'être dites ainsi, le vide, la frivolité, le mensonge, — la rhétorique est la source à la fois et le symptôme du mal social le plus difficile à guérir, le manque de probité intellectuelle. »

Si le portrait est exact, on ne reprochera pas à certains chapitres du *Gorgias* de manquer d'actualité.

3. 508 A.

lutte contre leurs mauvais penchants, plus fermes dans la pratique du bien, voilà le but de l'éloquence; si elle l'oublie, elle forfait à sa mission et ne mérite plus que la réprobation.

Parler ainsi, c'était à quelques exceptions près, faire le procès de tous les orateurs en renom de l'antiquité. Cicéron, philosophe sans doute, mais orateur bien plus que philosophe, s'en est ému et son amour-propre piqué proteste avec une certaine vivacité. « Voyez, dit-il, ce Gorgias le Léontin que Platon dans un de ses dialogues se fait un plaisir d'opposer à un philosophe pour donner la victoire à ce dernier. Mais il ne fut pas vaincu par Socrate et le dialogue dont je parle n'est qu'une fiction, ou s'il fut vaincu, il faudrait dire que Socrate avait une éloquence encore plus facile, et comme vous le dites, Crassus, était plus fécond et plus habile orateur[1]. » Et comme pour mieux assurer sa revanche, Cicéron, après avoir rappelé que pendant son séjour à Athènes il avait lu et étudié attentivement le *Gorgias*, ajoute ailleurs : « Ce qui me frappait le plus dans ce livre, c'était de voir Platon se montrer très grand orateur précisément en se moquant des orateurs[2]. » Il en veut à Socrate d'avoir opposé la philosophie à la rhétorique et creusé ainsi entre la première et la seconde un divorce funeste. « C'est alors qu'éclata cette espèce de dissentiment entre la langue et le cœur, cette distinction fausse, dangereuse, condamnable, qui défend au même maître d'enseigner à bien penser et à bien dire[3] ».

Mais Platon ne tombe qu'en partie sous le coup de semblables griefs, si même il n'y échappe pas tout à fait. C'est ce que Quintilien a très judicieusement fait observer. Après avoir rapporté les multiples définitions de la rhétorique proposées avant lui, les uns y voyant une force, les autres une science, ceux-ci un art, ceux-là une dégradation de l'art (κακοτεχνία), il ajoute : « La plupart des rhéteurs, pour n'avoir lu que quelques extraits mal digérés du *Gorgias* de Platon, et pour ne s'être pas donné la peine de lire en entier ce traité et les autres ouvrages du même philosophe, se sont étrangement trompés, et lui ont attribué l'opinion que la rhétorique n'était pas un

---

1. *De Oratore*, III, 32.
2. *Ibid.*, I, 11.
3. *De Oratore*, III, 16.

art, mais seulement une certaine adresse d'esprit qui s'attache à flatter les sens. Il en reconnaît une, mais une seule, pour véritable : c'est celle qui s'appuie sur la morale et la justice[1]. »

Platon, né poète, se serait bien gardé de bannir toute poésie de sa cité idéale : il se borne à en exclure tout ce qui chez les poètes même les plus célèbres, répond mal à la sévérité de son goût ou plutôt de sa conscience. De même ne soyons pas trop surpris de voir le philosophe recommander la rhétorique, après avoir paru la proscrire[2]. Dans le *Gorgias*, il montre jusqu'où l'avait abaissée sa complicité avec la sophistique : dans le *Phèdre*, il fera voir jusqu'où peut et doit l'élever son alliance avec la philosophie, fixant ainsi pour toujours le modèle de la véritable éloquence, celle qui repose sur une étude persévérante et une connaissance profonde du cœur humain. S'il cède à une tendance noble et généreuse, mais en revanche peu pratique, s'il se fait de l'art une idée trop haute, du moins ne pouvait-il pas souffrir qu'on l'abordât sans préparation et qu'on en usât sans scrupule[3].

Tandis que Platon scrute ainsi en moraliste le caractère et les intentions des orateurs, Aristote son disciple ne vise qu'à doubler leurs moyens et à seconder leur talent. A l'école du premier on apprend à parler des grandes choses avec enthousiasme; les préceptes du second servent bien moins à inspirer l'éloquence qu'à initier à toutes les ressources de l'art ceux qui sont déjà éloquents[4]. Nous ne dirons pas avec M. Théry, choqué de cette profusion de divisions, de subdivisions et de

---

1. *De Instit. orat.*, II, 15.
2. « Ces variations d'un grand esprit, écrit à ce propos M. Barthélemy Saint-Hilaire, sont d'autant plus curieuses à étudier, qu'à l'heure actuelle les plus sages, à considérer l'emploi qu'on fait de l'éloquence devant nos tribunaux et devant nos assemblées politiques, peuvent encore ressentir les mêmes perplexités et éprouver les mêmes hésitations. »
3. Cf. Hirzel, *Uber das Rhetorische und seine Bedeutung bei Plato*, Leipzig, 1871.
4. On trouvera sur ce point un parallèle ingénieux entre les deux philosophes, soit dans la *Préface* de la traduction de la *Rhétorique*, par M. Barthélemy Saint-Hilaire, soit dans une dissertation spéciale d'Anton (*Rhein. Museum*, 1859).

remarques de détail : « La savante et curieuse analyse d'Aristote nous semble aussi propre à ruiner l'art oratoire que la féconde synthèse de Platon à lui communiquer le mouvement et la vie » : mais c'est aussi se montrer injuste envers l'auteur du *Phèdre* que de répéter à la suite de M. Havet : « Je ne crains pas de dire que la méthode d'Aristote dans sa *Rhétorique* est la seule philosophique et par conséquent la seule vraie que l'antiquité nous ait transmise. » Pour ne pas parler de Démosthène, Cicéron n'a-t-il pas fait l'aveu que son talent oratoire devait moins à l'enseignement des rhéteurs qu'aux entretiens et aux leçons de l'Académie?

VI

BUT DU *Gorgias*

Au terme de cette étude générale, il nous reste à marquer la pensée maîtresse à laquelle se rapportent d'une façon plus ou moins directe tous les développements du *Gorgias*. Que la rhétorique y joue un rôle, et un rôle considérable, c'est ce qui ressort de tout ce que nous avons dit jusqu'ici, et nous ne serons que médiocrement surpris de voir certains commentateurs anciens ajouter en tête du dialogue ce second titre : *ou de la rhétorique*. Ils ont entraîné à leur suite plus d'un critique moderne, Cousin par exemple, qui croit que Platon s'est proposé simplement de distinguer entre la vraie et la fausse rhétorique. « Détruire l'idée fausse et funeste qu'on se fait de la rhétorique et y substituer une notion plus vraie et plus pure, en montrant qu'elle se confond avec l'art d'enseigner aux hommes la vérité et la justice » : tel est aussi, d'après M. Chaignet, le but du dialogue, mais à la condition, ajoute-t-il, de considérer cet art comme l'organe incessant et quotidien de l'activité politique qui était, dans l'opinion des anciens, l'activité morale par excellence[1]. Nous nous rapprochons ainsi de la vérité, sans y atteindre complètement.

1. Voilà pourquoi l'antiquité réclamait volontiers pour l'orateur

Reportons-nous à l'époque où vivait Platon, époque de fermentation intellectuelle où l'honnêteté naturelle était aux prises avec une science fière de ses conquêtes, mais en même temps corrompue dans ses principes. Ce ne sont pas seulement deux rhétoriques, ce sont deux politiques et deux morales qui sont en présence. Où faut-il chercher la règle de sa vie, dans les austères enseignements de la sagesse, ou dans la théorie du succès à tout prix? Qui doit-on écouter, Platon ou les rhéteurs? Telle est l'alternative qui se posait alors devant la jeunesse athénienne, prompte à se laisser séduire par l'art merveilleux des sophistes.

C'est cette question, grave entre toutes, car elle allait décider de la destinée d'Athènes, que Platon a voulu approfondir, c'est à cette question qu'il a voulu répondre. Il s'agissait pour lui de replacer sur sa base immortelle qui est la vertu et la justice, la morale publique si compromise alors par l'abaissement des caractères et la vogue alarmante de certaines doctrines[1]. Au surplus il n'en fait pas mystère. « Tu vois, dit Socrate à Calliclès[2], que notre dispute roule sur une matière très importante. Et quel homme en effet, s'il a quelque peu de jugement, montrera pour quelque sujet que ce soit plus d'empressement que pour savoir de quelle manière il doit vivre? s'il faut qu'il embrasse la vie à laquelle tu m'invites, faire ce que tu appelles agir en homme, discourir devant le peuple assemblé, s'exercer à la rhétorique, et administrer les affaires d'État de la manière que vous autres les administrez aujourd'hui, ou si l'on doit préférer de demander à la philosophie, comme je le fais, la

---

le premier rôle dans l'Etat. « An si frequentissime de justitia, fortitudine, temperantia, ceterisque similibus sit disserendum et adeo ut vix ulla possit causa reperiri, in quam non aliqua quæstio ex his incidat, dubitabitur, ubicumque vis ingenii et copia dicendi postulatur, ibi partes oratoris esse præcipuas? » (Quintilien, *Introduction*.)

1. Telle est l'opinion que soutenait déjà Olympiodore dans son commentaire : Φάμεν τοίνυν ὅτι σκοπὸς αὐτῷ περὶ τῶν ἀρχῶν διαλεχθῆναι τῶν φερουσῶν ἡμᾶς εἰς τὴν πολιτικὴν εὐδαιμονίαν, ce que Cousin traduit, « traiter des principes qui conduisent les Etats à la félicité, » phrase où la morale me semble sacrifiée plus qu'il ne convient à l'économie politique.

2. Chapitre LV. — Cf. 461 A-B.

règle de toutes ses actions. » Et au moment où les interlocuteurs vont se séparer, quelle conclusion Socrate tire-t-il de tout l'entretien? « De tant de points discutés et reconnus faux, un seul, mon cher Calliclès, demeure inébranlable, c'est qu'il faut éviter de commettre l'injustice plus encore que de la subir, et qu'avant toutes choses, on doit s'appliquer non à paraître homme de bien, mais à l'être, et cela en public comme en particulier... C'est à la justice à régler l'emploi de la rhétorique et de toute autre profession. Rends-toi donc à mes raisons et suis-moi dans la route qui te conduira au bonheur dans cette vie et après ta mort, comme ce discours vient de le montrer[1]. »

D'où vient que les critiques anciens et modernes ont hésité en face de déclarations aussi explicites[2]? De l'art même avec lequel Platon dans ses dialogues reproduit le libre tour des discussions familières. Rappelons-nous que les Athéniens qu'il met en scène sont des hommes d'esprit et des hommes de loisir, partant toujours prêts à prolonger, fût-ce même au prix de quelque digression, leurs savants et ingénieux entretiens. Aussi habitués comme nous le sommes à la marche en ligne droite, nous courons le risque, dans la compagnie de Socrate, à nous faire parfois illusion sur le vrai terme de la route. D'ailleurs Platon, en sa qualité de philosophe, après avoir choisi comme point de départ quelque question d'une portée moyenne, aime à s'élever par une série de considérations de plus en plus hautes jusque dans la région des principes : il sait que de là seulement jaillit une vive et pleine lumière.

C'est ainsi que le *Gorgias* qui s'ouvre par cette simple inter-

---

1. Chapitre LXXXIII et dernier, *passim*.
2. Damascius, cité par M. Chaignet (*La vie et les écrits de Platon*, p. 206), raconte, à propos des interprétations divergentes que l'on donnait du *Gorgias*, un fait curieux. Hiéroclès, platonicien du cinquième siècle, ayant entrepris un jour d'expliquer ce dialogue, un de ses auditeurs avait rédigé par écrit son commentaire. Quelque temps après, Hiéroclès revint une seconde fois au même ouvrage, et le même élève écrivit encore son exégèse : mais quand il voulut comparer les deux interprétations, il ne trouva pour ainsi dire pas un mot semblable, et cependant, ce qui paraîtra incroyable, dit Damascius, toutes les deux pénétraient dans le fond de la pensée de Platon.

rogation : « *Qu'est-ce que la rhétorique?* », n'en contient pas moins, si l'on va au fond des choses, toute la morale platonicienne dans ses traits généraux et essentiels, et à lui seul ce dialogue justifie sans réserve ce bel éloge donné par M. Lefranc à Platon : « La fausse philosophie sortie des écoles sensualistes et sophistiques avait détruit la science, corrompu les âmes, livré les sociétés comme une matière d'exploitation à la cupidité des politiques, et arraché Dieu de ce monde. Platon vint au nom de la vraie philosophie réparer ces trois grands désastres. »

VII

TÉMOIGNAGES HISTORIQUES RELATIFS AU *Gorgias*

Quelque admiration qu'aient dû exciter la plupart des dialogues de Platon, chefs-d'œuvre inimitables dans un genre qui venait à peine de naître, l'antiquité paraît n'avoir rien ou presque rien su des circonstances qui en ont accompagné ou suivi la publication[1]. Ce silence, on le comprend sans peine, ajoute d'autant plus de prix aux citations qui en ont été faites, soit au temps de Platon, soit même dans les premiers siècles qui suivirent.

Le premier témoin et le plus compétent que puisse et doive interroger le critique, c'est Aristote, longtemps élève de l'Académie avant d'en devenir l'irréconciliable rival. Or, chose assez imprévue et qui montre avec quelle discrétion il convient de s'armer de ce qu'on appelle « l'argument négatif » pour attaquer l'authenticité d'un ouvrage, dans la vaste collection des écrits d'Aristote il n'y a pas un seul passage où Platon soit donné comme l'auteur du *Gorgias*.

Ainsi quand au début de sa *Rhétorique*, Aristote déclare

---

1. Le rhéteur Thémistius (*Orat.* XXIII, p. 356) raconte sans doute, — mais où l'a-t-il appris ? — qu'un habitant de Corinthe, ayant lu par hasard le *Gorgias*, quitta tout pour venir se mettre sous la direction de Platon.

que « cet art s'occupe de choses qui peuvent être connues sans le secours d'aucune science déterminée », on croit tentendre Socrate dire à Polus : « Ce n'est point un art, mais une pratique, une routine, d'autant qu'elle n'a pour se conduire aucun principe certain[1]. » Mais que conclure d'un semblable rapprochement, comme de tous ceux que pourrait suggérer la lecture complète de ce traité d'Aristote, ici comme ailleurs plus voisin de Platon qu'il ne voudrait souvent le laisser paraître?

Ainsi encore quand Aristote dit que les hommes s'imaginent faussement qu'il est en leur pouvoir de ne commettre aucune injustice[2], il exprime une pensée analogue à celle qu'on peut lire au chapitre LXV du *Gorgias*. Est-ce nécessairement à cette source qu'il l'a puisée? Impossible de le prétendre. De même, à la première page de sa *Métaphysique*[3], se trouve citée sous le nom de Polus une assertion équivalente à cette phrase du même sophiste dans notre dialogue : « L'expérience fait que notre vie marche selon les règles de l'art, l'inexpérience au contraire, selon les caprices du hasard[4]. » Puisque le disciple de Gorgias avait laissé des écrits auxquels Socrate lui-même fait allusion[5], qui empêche d'admettre que le maître et l'élève y ont rencontré l'un et l'autre la même pensée?

Mais voici peut-être un texte plus décisif. Aristote s'exprime comme suit dans son traité *des Réfutations sophistiques* : « Ce qui engendre le plus de paradoxes, ainsi que le dit Calliclès dans le *Gorgias*, c'est le contraste entre la nature et la loi[6]. » Or tel est bien le sens général du langage que tient ici Cal-

---

1. 465 A.
2. *Eth. Nicom.*, V, 13, 1137ᵃ4.
3. *Métaph.*, I, 1, 981ᵃ : Ἡ μὲν γὰρ ἐμπειρία τέχνην ἐποίησεν, ὡς φησ Πῶλος, ὀρθῶς λέγων, ἀπειρία δὲ τύχην.
4. *Gorgias*, 448 C. — On a tenté également de rapprocher les passages suivants : *Politique*, III, 11, 1281ᵇ32 et 455 B : — *Ethique à Nicomaque*, VII, 12, 1152ᵇ18 et 463 A-B : — *Rhétorique*, 1356ᵃ, et 464 B-C.
5. 462 C.
6. *De Soph. Elench.*, 12, 173ᵃ8 : Πλεῖστος δὲ τόπος ἐστί τοῦ ποιεῖν παράδοξα λέγειν, ὥσπερ καὶ ὁ Καλλικλῆς ἐν τῷ Γοργίᾳ γέγραπται λέγων..... περὶ τὸ κατὰ φύσιν καὶ κατὰ τὸν νόμον.

liclès à Socrate : « Dans la plupart des choses, la nature et la loi sont opposées entre elles... Ayant imaginé cette subtile distinction, tu la fais servir à dresser des pièges dans la dispute, nous interrogeant dans le sens de la nature si nous parlons dans celui de la loi, et réciproquement [1]. » Sans doute l'accord entre les deux textes n'est pas absolu : mais nous sommes habitués de la part des anciens à ces citations approximatives, et il est incontestable que dans ce passage c'est bien notre dialogue qui est visé par Aristote. D'autre part la tradition est unanime à l'attribuer à Platon ; d'ailleurs avant les stoïciens quel autre philosophe eût été capable de plaider la cause de la justice avec autant de chaleur, d'élévation et de talent [2] !

On éprouve au premier abord quelque étonnement à ne pas voir figurer le *Gorgias* dans l'essai de classification des dialogues platoniciens tenté à Alexandrie par le célèbre grammairien Aristophane : mais le *Protagoras* et le *Banquet*, deux compositions platoniciennes par excellence, n'y ont pas davantage trouvé place. Nous passons, sans nous y arrêter, sur les nombreuses allusions au *Gorgias* contenues dans les écrits philosophiques de Cicéron, de Sénèque, de Plutarque, pour dire en terminant quelques mots du commentaire rédigé par Olympiodore[3], philosophe du sixième siècle et élève de Damascius. La discussion, éminemment morale et politique, offrait peu de prise aux spéculations aventureuses de la métaphysique néo-platonicienne : néanmoins après nous avoir avertis que plusieurs critiques avant lui ont donné du *Gorgias* des explications plus ou moins exclusives, l'érudit éclectique annonce qu'il va s'attacher à combiner ces divers points de vue. Son travail se compose d'une *Introduction* où sont traitées les questions générales auxquelles peut donner lieu l'étude du dialogue, puis d'un commentaire spécial et détaillé partagé en cinquante paragraphes désignés sous le nom de πράξεις, plus rarement

---

1. 482 E et 483 A.
2. L'érudit allemand Suckow n'en a pas moins eu l'étrange idée de rapporter le *Gorgias* à Antisthène.
3. Cousin a consacré une analyse étendue à ce commentaire dans ses *Fragments de Philosophie ancienne*.

de θεωρία. L'auteur selon sa constante habitude commence par citer le texte original, puis il l'explique : nouvelle citation, nouveau commentaire, et ainsi de suite jusqu'à la fin. Comme tous les produits de la subtilité en même temps que de la prolixité alexandrines, ce travail n'offre en général qu'un médiocre intérêt, à l'exception toutefois des dernières pages qui nous apprennent le système d'interprétation des mythes en faveur dans l'école néo-platonicienne. Enfin la même époque nous a légué près de trois cents notes ou scolies[1] dont quelques-unes tout au moins ne sont pas sans valeur et nous ont paru mériter une mention dans notre propre commentaire.

CHAPITRE VIII

PLATON ÉCRIVAIN

Où Platon a-t-il puisé les éléments essentiels de son système ? Quelle conception s'est-il faite de la philosophie et quelles divisions y a-t-il introduites ? Par quelle voie se flatte-t-il de conduire l'homme à la vérité ? A quels résultats l'a conduit cette dialectique vantée par les uns comme une découverte incomparable, traitée par les autres de méthode creuse, enfantant des chimères ou de stériles abstractions ?

Voilà autant de questions singulièrement intéressantes, mais dont la discussion sort évidemment du cadre de ce travail. Il s'agit ici, avant tout, d'une étude littéraire, et si, dans Platon, il nous est permis dans une certaine mesure de négliger le philosophe, en revanche notre attention est doublement attirée par l'écrivain.

Ce n'est pas que la renommée d'auteur paraisse avoir vivement préoccupé celui dont on a dit avec raison qu'il était le plus grand prosateur de l'antiquité grecque. Lui-même, et dans un de ses dialogues les plus séduisants[2], parle avec je ne sais

1. Réunies dans l'édition spéciale qu'en a donnée Ruhnken et dans le 3ᵉ volume du *Platon* de M. Didot.
2. *Phèdre*, 275 D-276 A.

quel dédain des discours écrits. « A les entendre, nous dit-il, vous croyez qu'ils pensent : mais demandez-leur quelque explication sur le sujet qu'ils contiennent, ils répondront toujours la même chose, ne sachant d'ailleurs ni avec qui il faut parler, ni avec qui il faut se taire. Tout au plus peuvent-ils servir à réveiller les souvenirs de celui qui a déjà approfondi les matières en question. » Si vous le pressez un peu, il ajoutera que c'est là « une éloquence bâtarde, dont la sœur légitime est le discours vivant et animé, écrit avec les caractères de la science dans l'âme de celui qui étudie ».

Rien de plus explicite, n'est-ce pas ? Toutefois, n'oublions pas que nous avons affaire à un homme d'esprit, qui serait désolé qu'on prît au pied de la lettre toutes ses assertions. Le fait est que si Platon regardait réellement l'écriture comme un jeu, il s'est livré du moins à ce jeu avec une incroyable constance et un singulier plaisir. A coup sûr, il n'était pas insensible à la gloire d'avoir bien écrit, celui qui nous a légué, et en si grand nombre, des œuvres aussi accomplies. Bien mieux, nous savons par certains témoignages que jusqu'à son dernier jour il a été occupé à les revoir et à les perfectionner, avec les scrupules d'un artiste consommé qui ne veut laisser sortir de sa plume aucune page indigne de lui-même et du public[1].

Le philosophe nous fera donc grâce si, un peu malgré lui, nous prenons au sérieux son prodigieux talent d'écrivain.

Tout d'abord, examinons où en était en Grèce le style philosophique à la fin du cinquième siècle.

Comme on le sait, dans ce pays privilégié, la langue des vers fut longtemps la seule langue littéraire. Les plus anciens sages, ou n'ont rien écrit, comme Thalès[2], comme Anaximène, ou ont eu recours à la poésie comme Xénophane, Parménide

---

1. C'est ce que nous apprend, outre un curieux passage de Denys d'Halicarnasse, la phrase suivante de Diogène Laërce (III, 37) : Εὐφορίων καὶ Παναίτιος εἰρήκασι πολλάκις ἐστραμμένην εὑρῆσθαι τὴν ἀρχὴν τῆς Πολιτείας.

2. Les fragments de Thalès qui avaient cours dans l'antiquité étaient apocryphes (Diog. Laërce, I, 22).

et Empédocle. Ces poëmes, dont celui de Lucrèce peut seul donner une idée offrent un curieux mélange d'inspirations poétiques et de sécheresse dogmatique. D'une part, les systèmes même les plus abstraits ne pouvaient rompre entièrement avec les fictions mythologiques du passé : de l'autre, l'esprit grec, aux allures si libres et si primesautières, était par sa nature assez rebelle à ce que nous appelons un livre ou un traité.

Aussi, lorsque la discussion et la critique eurent avancé leur œuvre, quand la raison, maîtresse d'elle-même et affranchie du tribut obligé qu'elle avait payé jusque-là à l'imagination, écarta d'une main ferme le symbole pour atteindre à la vérité pure, quand, selon l'expression de M. Egger, elle souffla sur tous ces gracieux fantômes, éclos du cerveau des poëtes, pour chercher la réalité même des essences dont ils n'étaient que l'image, il lui fallut se créer une méthode et une langue nouvelles ; ce ne fut pas l'œuvre d'un jour.

Platon n'est certainement pas le premier en date des auteurs philosophiques en prose ; mais qui lui a servi de modèle? Est-ce cet Héraclite que toute l'antiquité a connu sous le nom de σκότεινος, c'est-à-dire de sombre, de ténébreux, à cause du mystère dont à dessein, dit-on, ce penseur misanthrope avait entouré sa doctrine? Est-ce Anaxagore, chez qui le style n'est pas moins flottant que la pensée, qui pressent la vérité plutôt qu'il ne la saisit, et selon le mot d'un ancien, la touche comme à tâtons plutôt qu'il ne l'embrasse? Peut-être ici faudrait-il songer de préférence à Démocrite, génie remarquable qui, un siècle avant Aristote, avait réuni dans ses écrits une vaste encyclopédie du savoir humain? Mais Platon, cet apôtre si fervent de l'idéalisme, était si éloigné, par toute sa doctrine, du fondateur du matérialisme atomistique qu'il ne l'a nommé nulle part et qu'on a pu lui prêter calomnieusement, mais sans invraisemblance, l'intention de livrer au feu tout ce que ce dernier avait écrit.

Socrate, au contraire, a exercé sur tout le développement intellectuel de Platon une influence absolument décisive. Doctrine et méthode, Platon relève visiblement de son maître, qu'il n'a dépassé qu'après l'avoir fidèlement suivi. Or, chacun connaît le procédé habituel de Socrate, qui se vantait lui-même

« d'accoucher les esprits ». Sa philosophie n'était pas née, comme celle de Descartes, dans la solitude de la contemplation et l'isolement de la réflexion. Toute concrète et pratique, la vérité qu'elle nous offre n'est pas le résultat de recherches patientes : elle jaillit, pour ainsi dire, du choc des opinions : elle ne tombe pas du haut d'une chaire comme une croyance qui s'impose ; elle est la libre conquête de l'activité intellectuelle de chacun. Assurément, lorsque Socrate se présente comme un débutant dans l'art de penser, lorsqu'il appuie à plaisir sur son ignorance, il ne faut l'entendre qu'à demi mot ; ce qui est vrai, c'est que son grand art, sa première préoccupation était de rendre les autres attentifs aux erreurs ou aux préjugés auxquels ils avaient jusque-là sacrifié, ou à la fausse science dont ils tiraient sottement vanité. Il s'agissait d'amener pas à pas son interlocuteur à un aveu toujours difficile, et comment ? en provoquant ses confidences par un interrogatoire discret, par une série de questions conduites avec une stratégie savante sous les apparences d'une véritable naïveté. Par une conséquence naturelle, la leçon philosophique ainsi comprise revêt d'elle-même la forme du dialogue, si bien qu'aux yeux des anciens, le dialogue a été décoré de l'épithète de *socratique* comme la fable de celle d'*ésopique*.

Ce qu'avait ébauché Socrate dans ses entretiens sur les places publiques d'Athènes, il était réservé à Platon de l'élever à la hauteur d'un genre littéraire[1] et cela avec une étonnante perfection. En tout art ceux qui viennent les premiers sont les plus heureux ; ils ont plus de succès et moins de peine : ce premier moment, a-t-on dit, est comme une aurore. Toutefois est-il certain que Platon n'avait pas été précédé dans cette voie ?

La question est controversée, mais elle n'a pas assez d'importance pour nous arrêter longuement ; aussi bien, les documents nécessaires manquent pour faire l'histoire complète de

---

1. Voici comment Diogène Laërce (III, 48) définit le dialogue, sans doute sur les traces de l'un de ses devanciers : Ἔστι δὲ διάλογος λόγος ἐξ ἐρωτήσεως καὶ ἀποκρίσεως συγκείμενος περί τινος τῶν φιλοσοφουμένων καὶ πολιτικῶν μετὰ τῆς πρεπούσης ἠθοποιίας τῶν παραλαμβανομένων προσώπων καὶ τῆς κατὰ τὴν λέξιν κατασκευῆς.

ces σωκρατικοὶ λόγοι[1] qui ont tenu jadis une place si considérable dans la littérature hellénique. A quoi bon, par exemple, prendre la peine de réfuter Patrizzi, cet érudit du seizième siècle qui rapporte magistralement l'honneur de l'invention du dialogue à Hermès Trismégiste, cette divinité légendaire sous le nom de laquelle nous sont parvenus des résumés apocryphes de l'antique sagesse égyptienne[2] ? D'autres noms moins absurdes ont été cités, notamment celui d'Alexamène de Téos[3], écrivain d'ailleurs totalement inconnu et à qui sans doute on a attribué dans la suite certains dialogues dont on ignorait la provenance, et celui de Zénon[4], l'élève de Parménide, l'inventeur de la dialectique, ce qui n'est nullement la même chose. On rencontre dans l'ouvrage d'Hérodote des entretiens, et des entretiens fort intéressants : mais de là au *Phèdre* et au *Gorgias*, il y a loin.

Ajoutons à l'intimité qui unit pendant tant d'années Socrate et Platon la merveilleuse aptitude naturelle de ce dernier et la popularité du drame à Athènes[5] ; d'autres motifs pourront paraître superflus pour expliquer et la méthode adoptée par le philosophe devenu écrivain et le succès qu'il devait obtenir. On prétend qu'il imita les satires d'Epicharme, ce créateur de la comédie sicilienne, et surtout les *mimes* de Sophron, tableaux analogues à nos proverbes dramatiques, et représentant avec une scrupuleuse exactitude le côté plaisant des mœurs populaires[6]. Mais les premiers dialogues de Platon

---

1. Athénée est seul à employer l'expression de σωκρατικοὶ διάλογοι, répondant aux *sermones socratici* d'Horace (*Odes*, III, 21).
2. « Les faits établissent sans réplique cette assertion », écrit Patrizzi avec la naïve assurance propre à la crédulité de son temps.
3. Voir Athénée, XI, 505 C.
4. Il est vrai que Simplicius nous a transmis sous son nom un fragment de dialogue contenant une réfutation de Protagoras. Mais il sera toujours vrai de répondre avec Diogène Laërce (l. l.) : Δοκεῖ δέ μοι Πλάτων ἀκριβώσας τὸ εἶδος καὶ τὰ πρωτεῖα δικαίως ἂν ὥσπερ τοῦ κάλλους οὕτω καὶ τῆς εὑρέσεως ἀποφέρεσθαι.
5. Faut-il rappeler les frappantes analogies de certaines scènes philosophiques d'Euripide avec les dialogues de Platon?
6. Athénée, XI, 504, et Diogène Laërce, III, 18. Voir la dissertation de M. Lapaume sur les mimes (*Journal général de l'Instruc-*

(et dans le nombre se trouvent, ne l'oublions pas, de vrais chefs-d'œuvre d'exposition, tels que le *Protagoras*) sont antérieurs à son plus ancien voyage en Sicile, d'où il rapporta, dit-on, ces précieux modèles. S'il faut à tout prix lui chercher ici un maître, il est bien plus simple de penser à Aristophane, dont il était l'ami : chose curieuse, ces deux esprits par certains côtés étaient aussi faits pour s'estimer et pour s'entendre que par d'autres pour se haïr. Enfin, la comédie moyenne, plus réservée dans ses attaques que celle de l'âge précédent, a pu lui offrir maint exemple de conversation à la fois enjouée et élégante

Inutile d'insister sur les avantages intrinsèques du dialogue. N'est-ce pas dans les débats familiers dont il a la prétention d'être la fidèle image, que brille au plus haut degré le don de la parole ? On l'a dit avec raison, l'art de causer est plus difficile et plus rare que celui de parler ; réminiscences heureuses, suggestions ingénieuses, arguments *ad hominem*, railleries courtoises, répliques imprévues, il suppose tout cela et d'autres mérites encore. Mais écoutons plutôt Fénelon : « Une longue et uniforme discussion est sèche et fatigante ; on y languit, rien n'y délasse, l'auteur parle sans cesse tout seul... Le lecteur, rebuté de ne faire qu'écouter sans parler à son tour, échappe à l'auteur ou ne le suit qu'à demi... Au contraire, faites parler tour à tour plusieurs hommes avec des caractères bien gardés. Le lecteur s'imagine, non faire une étude, mais prendre part à une véritable conversation. Tout l'intéresse, tout réveille sa curiosité, tout le tient en suspens. Tantôt il a la joie de prévenir une réponse et de la trouver dans son propre fonds ; tantôt il goûte le plaisir de la surprise par une réplique décisive qu'il n'attendait pas. Ce que l'un dit le presse d'entendre ce que l'autre va dire. Il veut voir la fin pour découvrir quel est celui qui répond à tout et auquel l'autre ne peut donner une entière réponse. Ce spectacle est une espèce

---

tion publique, 1860). En l'absence de tout autre renseignement, il ne faut pas perdre de vue cette déclaration très précise d'Aristote (*Poétique*, I, 1447, 9) : « On ne peut ranger dans aucune classe commune les mimes de Sophron et de Xénarque, et les dialogues socratiques ».

de combat dont le lecteur se trouve le spectateur et le juge. »
Puis, en même temps que la contradiction incessante aiguillonne l'esprit et tient en éveil toutes les forces de la pensée, la controverse peut être poursuivie, abandonnée, reprise, déplacée au gré de l'auteur, avec bien plus de charme et de vie que dans une réfutation dogmatique. Le dialogue acquiert ainsi toute l'importance d'un jugement contradictoire, où les deux parties ont usé jusqu'au bout du droit de la défense, de telle sorte que la victoire ne puisse plus être contestée. Le *Gorgias* en est une preuve éclatante.

Mais revenons à Platon. Non seulement le dialogue, avec ses détours, ses hésitations, ses saillies piquantes, ses développements variés qui laissent toute liberté d'étaler çà et là les couleurs de la plus brillante palette, répondait à merveille au tour d'esprit du philosophe, mais en outre, ce qu'il faut observer, c'était une méthode en parfaite harmonie avec l'induction et la dialectique, seuls procédés de raisonnement qu'il connût ; en effet, c'est à son élève Aristote qu'il était réservé de formuler et de mettre en pratique les lois rigoureuses de la démonstration [1]. A voir la prédilection exclusive de Platon pour cette forme d'exposition [2], on ne peut se dissimuler qu'elle avait à ses yeux une valeur méthodique non accidentelle, mais essentielle qui en faisait en quelque sorte une partie intégrante de sa philosophie elle-même [3].

---

1. Nous modernes, il faut le reconnaître, nous goûtons peu en général le dialogue appliqué aux matières philosophiques, et les tentatives plus ou moins heureuses de quelques écrivains n'ont guère réformé nos préventions à cet endroit. Quel profit attendre d'une méthode, qui laisse aux interlocuteurs la faculté d'opposer sans cesse leurs interprétations, de croiser leurs réponses et de retarder indéfiniment la conclusion? C'est vrai : mais en revanche les déductions syllogistiques à la façon d'Aristote et les méditations à la façon de Descartes n'éloignent-elles pas davantage la philosophie de la vérité et de la réalité de la vie? n'affaiblissent-elles pas la portée morale et esthétique de ses exhortations?
2. Le *Timée*, les *Lois* et le *Critias* montrent qu'à la fin de sa carrière, Platon a fait une place de plus en plus grande aux développements suivis : mais le dialogue n'a jamais entièrement disparu.
3. C'est un fait que Schleiermacher le premier a mis en lumière,

Chose remarquable, les divers disciples de Socrate, si divisés de caractère et d'opinions, s'étaient pour ainsi dire accordés à n'écrire que des dialogues, avec un médiocre succès d'ailleurs, puisque nous n'en avons conservé aucun, sauf peut-être l'un ou l'autre qui se cache sous un nom usurpé dans la collection platonicienne. Je me trompe : les *Mémoires sur Socrate*, et l'*Économique* de Xénophon ont survécu et peuvent nous donner une idée de cette littérature philosophique à la perte de laquelle nous n'avons pas le droit d'être insensibles. C'était, comme il est facile de s'en convaincre, la reproduction plus ou moins exacte des entretiens du philosophe avec les sophistes, les hommes d'État, les artistes, les ouvriers et même les simples bourgeois d'Athènes. Pour satisfaire à sa reconnaissance, plus encore que pour se conformer à la tradition commune, Platon entendait réserver le premier rôle à Socrate : mais ce sont ses propres conceptions, ses propres doctrines qu'il mettra dans la bouche de son maître : ses écrits sont des créations personnelles, non des documents historiques [1]. Jusque dans la forme extérieure il revendique une allure plus libre et plus dégagée. Voici comment il fait parler Euclide au début du *Théétète* :

« Aussitôt arrivé chez moi, je m'empressai de recueillir et de noter mes souvenirs ; je les rédigeai ensuite à loisir, à mesure que la mémoire m'en revenait, et chaque fois que j'allais à Athènes, je me faisais redire par Socrate les choses qui m'étaient échappées : j'ai réussi de la sorte à posséder par écrit la discussion presque entière.... Voici, Terpsion, mon travail : tu entendras l'entretien lui-même, et non le récit que m'en a fait Socrate. J'ai voulu éviter par là l'embarras de ces phrases qui

---

malheureusement sans se tenir assez en garde contre toute espèce d'exagération.

1. S'il faut ajouter foi à certaines anecdotes plus ou moins authentiques rapportées par les anciens biographes, Gorgias n'aurait pas été le seul à protester contre la trop grande liberté de l'écrivain. On se rappelle notamment ce mot de Socrate lui-même : Οὗτος ὁ νεανίας ἄγει μὲ ὅπῃ θέλει, καὶ ἐφ᾽ ὅσον θέλει, καὶ πρὸς οὓς θέλει. Avant Denys d'Halicarnasse (II, 719) et Longin, Timon le Satirique avait écrit ce vers :

Ὡς ἀνέπλαττε Πλάτων πεπλασμένα θαύματα εἰδώς.

interrompent sans cesse le discours, comme *Je lui dis,* ou *Là-dessus je lui répondis,* si c'est Socrate qui parle, ou si c'est Théétète, *Il en convint,* ou *Il le nia.* Pour retrancher tout cela, j'introduis directement Socrate discourant avec ses interlocuteurs. — Vous avez eu là, Euclide, une fort heureuse pensée. »

Il a paru d'autant plus opportun de citer ce passage, qu'un érudit allemand contemporain [1] en a conclu, fort arbitrairement, il faut en convenir, que tous les dialogues de Platon où se rencontre le procédé ici condamné sont antérieurs au *Théétète.* Tout nous montre qu'après comme avant, le philosophe a pu à son gré et avec un égal succès, employer le dialogue narratif et le dialogue dramatique, même, comme dans le *Phédon* et l'*Euthydème,* mêler l'une de ces formes à l'autre.

Nous avons développé plus haut les motifs qui recommandaient, on pourrait dire, qui imposaient le dialogue au choix de Platon. Il nous reste à justifier en quelques mots la renommée littéraire du grand philosophe.

Qui ne sait combien il est difficile d'introduire en ce genre d'écrire, cette vivacité de répartie, ces finesses délicates, ces transitions heureuses qui en font à la fois le charme et le mérite? Si Platon y a réussi, c'est que pour lui le dialogue n'est pas ce qu'il est devenu plus tard, une forme quelconque de l'enseignement didactique : de simples lettres suffisent à Fénelon pour caractériser ses personnages : ceux de Platon sont des acteurs réels, dont chacun garde jusqu'au bout sa physionomie, son individualité propre, et n'abandonne son opinion que contraint et forcé par la discussion. Puis, quelle invention dans la mise en scène, quelle variété dans le développement et l'économie de l'action! Platon est vraiment en son genre ce qu'Aristophane a été dans le sien : à la verve mordante du poète comique [2] il joint le lucide bon sens de Socrate

---

[1]. M. Teichmüller, *Über die Reihenfolge der Platonischen Dialoge,* Leipzig, 1879.

[2]. L'*Euthydème,* par exemple, est une satire où l'art prestigieux et décevant des sophistes est exposé, discuté et confondu avec une force comique qui atteint à la haute bouffonnerie des *Oiseaux* et des *Nuées.*

et la beauté tranquille de Sophocle [1] : des élans du dithyrambe il s'abaisse sans secousse aux détails les plus familiers, de même que d'un modeste début il s'élève aux considérations les plus hautes. Heureux qui sait comme lui

Passer du grave au doux, du plaisant au sévère :

mais prenons garde à ses finesses et n'imitons pas ces critiques qui, dupes de l'apparence, discutent gravement là où il ne faudrait que sourire.

A la fin du *Banquet*, Socrate oblige les convives à reconnaître que le génie tragique et le génie comique ne font qu'un. En soutenant cette thèse, Platon songeait sans nul doute à ce qu'il éprouvait en lui. Né poète, malgré tout il était resté poète [2] ou plutôt, quoi que pensent aujourd'hui certains esprits, il n'a pas craint de montrer que l'on peut non seulement comprendre la vérité par la raison, mais la sentir par le cœur, et que ce n'est point lui faire injure que de lui prêter à l'occasion les accents de l'éloquence, parfois même les ailes de la poésie.

A coup sûr, c'est une surprise agréable de trouver une philosophie si naturelle et si peu pédante et des dissertations aussi vives et aussi colorées. Il est vrai que l'Académie dont elles sont l'écho rappelait par plus d'un côté l'agora, la palestre, le théâtre, la vie en un mot avec toute la variété, toute la multiplicité de ses incidents. C'est ainsi que les idées philosophiques sortirent de l'étroite enceinte des écoles pour entrer dans les grandes voies de la publicité.

Néanmoins, Platon n'abuserait-il pas quelquefois de ses plus beaux talents? Je sais bien que, loin de fatiguer, les détours par lesquels il nous conduit au but amusent et récréent, et je redirais volontiers avec M. Janet : « Pardonnons leur amour pour la parole à ces génies harmonieux qui possédaient une langue si ravissante et dont ils usaient si bien ». L'auteur du

---

1. La scène si touchante du *Phédon* n'égale-t-elle pas la douce et mélancolique beauté de l'*Œdipe à Colone*?
2. Les Grecs déjà se sont plu à établir un parallèle entre Platon, le prince de leurs philosophes et Homère, le prince de leurs poètes. (Voir Longin, *Du sublime*, 14, 29, 32.)

Théétète et de la *République* aime à agiter les questions de tous les côtés et sous toutes leurs faces, de même que dans la controverse il ne fait grâce au lecteur d'aucune proposition intermédiaire, si évidente qu'elle nous paraisse : il les isole et les énonce successivement, afin de les entourer toutes d'une approbation explicite. Les Grecs, on l'a dit avec raison, n'étaient que médiocrement habiles à saisir dans un problème le nœud précis de la difficulté, et surtout à y arriver par la voie la plus courte : c'est un des points où la supériorité des modernes est le plus incontestablement établie. De là chez Platon des longueurs, des subtilités qui nous étonnent, et justifient ce jugement de Montaigne : « La licence des temps m'excusera-t-elle de trouver aussi traînants les dialogismes de Platon même, estouffant par trop sa matière, et de plaindre le temps que met à ces longues interlocutions vaines et préparatoires un homme qui avait tant de meilleures choses à dire ? » [1].

J'ajoute qu'en lisant le grand philosophe on voudrait parfois plus de rigueur dans le raisonnement, plus de netteté dans les conclusions. Sans doute, de son temps, on n'était point encore rompu aux exigences d'une exposition didactique et Platon eût-il eu, comme les scolastiques du Moyen âge, tout un appareil de termes et de propositions à mettre en bataille, peut-être eût-il dédaigné de s'en servir. Toujours est-il que tantôt on est brusquement transporté d'un principe à ses conséquences, tantôt, au contraire, pressé d'échapper à des explications dont le moindre défaut est d'être superflues [2]. Enfin, s'il était démon-

---

1. Tel était déjà l'avis de Diogène le Cynique, qui raillait l'interminable faconde du chef de l'Académie : Ἔσκωψε δὴ ὡς ἀπεραντολόγον. (Diog. Laërce, VI, 26.)

2. C'est ce qui a été très bien mis en lumière par M. Chaignet. « Les formes de la démonstration chez les anciens et particulièrement chez Platon n'ont pas cette perfection logique que la scolastique a créée et à laquelle l'esprit des modernes a souvent sacrifié le mouvement, la liberté et la grâce. Il est évident qu'il faut ajouter quelque chose, non pas pour fortifier le raisonnement, mais pour mieux lier par quelques intermédiaires supprimés la conclusion aux prémisses.... Tout le monde convient que ce qui a manqué au génie de Platon, c'est la méthode, du moins la méthode comme nous l'en-

tré que du seul choc des idées jaillit immédiatement et sûrement la lumière; si, comme d'aucuns le prétendent, le philosophe n'avait pas de plus noble tâche que d'instruire complaisamment sur chaque question le procès des opinions rivales, certains dialogues, d'où toute conclusion semble absente, mériteraient doublement l'admiration [1]. Pour ma part, j'eusse préféré que Platon se fût attaché à faire plus vigoureusement ressortir les données fondamentales de son système ; presque toujours il faut chercher sa pensée, parfois on est réduit à la deviner, car si les détails ont une clarté admirable, l'ensemble est plus imposant que lumineux [2]. Mais cette part faite à la critique, où trouver une poésie plus insinuante, une éloquence plus maîtresse d'elle-même, et surtout un sentiment aussi vif et aussi constant de l'idéal ?

Au reste, si l'on veut apprécier l'étonnante supériorité de Platon dans le dialogue, il suffit de le comparer à ses imitateurs. Je ne parle pas des autres socratiques, dont les écrits passaient pour être sans chaleur et sans vie, mais d'Aristote et de Théophraste, qui avaient eu recours à ce genre d'exposition dans ceux de leurs ouvrages qu'on qualifiait d'*exotériques*. Désespérant, comme dit saint Basile [3], d'atteindre à la grâce de Platon, ils n'occupèrent plus que d'une discussion froide et méthodique le petit nombre d'acteurs qu'ils conservèrent. Dès lors le

---

tendons, l'enchaînement logique... Il faut bien l'avouer, Platon oublie souvent de mettre le frein à ce mouvement libre, à ces digressions aimables qu'il compare lui-même, tantôt à un cheval indocile, tantôt à un vent capricieux (*République*, III, 394 E) et qui l'emportent hors de son sujet. » (*Psychologie de Platon*, p. 105 et 155.)

1. Montaigne qui appelle le dialogue « un témoignage d'inconstance intellectuelle » va jusqu'à écrire : « Platon me semble avoir aimé cette forme de philosophie à escient, pour loger plus décemment en diverses bouches la diversité et la variation de ses propres fantaisies. »

2. « Quæ certe licet acceptior sit et gratior forma dicendi, non ita apta est exponendis doctrinis philosophicis : singulis mirus quidem nitor et concinnitas, at in toto plus majestatis quam perspicuitatis » (Cousin, préface de son édition de Proclus.)

3. Ep. cxxxv, éd. Garnier. Εὐθὺς αὐτῶν ἅψαντο τῶν πραγμάτων, διὰ τὸ συνειδέναι ἑαυτοῖς τῶν Πλατωνικῶν χαρίτων τὴν ἔνδειαν.

dialogue n'est qu'une fiction qui ôte au naturel sans ajouter à l'intérêt. Chez Cicéron, écrivain cependant fécond et ingénieux entre tous, c'est un prétexte pour amener sous des noms différents l'exposition des divers systèmes. « Les personnages qui se succèdent ne s'interrompent guère : ils dissertent chacun à son tour, ils ne conversent pas. On voit qu'ils ont été à l'école des Grecs, et ils essayent de sourire, mais sans desserrer les dents et sans déplacer les plis de leur toge [1] ». Il faut descendre en ce genre jusqu'aux *Provinciales* pour retrouver un talent aussi complet que celui de Platon.

Il y a toutefois un côté de ce talent, le plus remarquable peut-être, dont nous n'avons rien dit encore. Aussi bien ne nous apparaît-il, en général, que par l'intermédiaire toujours incommode d'une traduction. Le style de Platon, le plus digne, d'après Cicéron, de la majesté de l'Olympe, est celui d'un maître qui met en œuvre avec une habileté consommée toutes les ressources de sa langue, sauf à prendre plus de peine pour cacher l'art que d'autres pour le laisser paraître. C'est une prose neuve et originale où la suprême élégance de la période [2] n'exclut ni la simplicité des termes, ni les négligences apparentes de la construction. L'auteur du *Phédon* a si bien mis dans tout ce qu'il a écrit, la transparente sérénité de sa belle âme, que cette langue profondément travaillée conserve pour qualité

---

1. Prévost-Paradol. — Voici l'idée que nous donne un érudit de la plupart des dialogues composés dans les derniers siècles de l'antiquité ou durant le Moyen âge : « Un auditeur qui n'était désigné que par un nom générique proposait au maître un problème ; il n'avait plus ensuite d'autre rôle à remplir que de répondre en aussi peu de paroles qu'il était possible aux différentes interrogations que le maître lui adressait. Plus souvent encore, le maître commençait par expliquer didactiquement quelque point de doctrine ; puis parvenu à l'endroit qui formait la difficulté, il recourait à la forme dialogistique, s'interrogeait lui-même, se répondait et jouait ainsi les deux personnages. »

2. Citons ici comme exemples des minuties où se complaît l'érudition allemande, les dissertations d'Engelhardt : *De periodorum Platonicarum structura* (1853 et 1864), et de Schantz : *Die Bifurcation der hypothetischen Periode nach Plato*. (*Neue Jahrbücher für Philologie und Pädagogik*, 101e volume.)

dominante la lucidité [1]. La grâce délicate de Lysias s'y marie à la pompe et à la noblesse d'Isocrate, et, pour tout dire d'un mot, Platon est un modèle achevé d'*atticisme* [2]. Le style philosophique, en Grèce, recevra d'Aristote son vocabulaire définitif; mais il est désormais capable de se prêter aux analyses les plus précises comme aux généralisations les plus abstraites, de traduire les nuances diverses de la persuasion et du doute aussi bien que les plus convaincantes démonstrations.

L'enthousiasme d'un critique contemporain [3] pour notre philosophe allait trop loin quand il lui faisait écrire : « Imaginez un homme qui serait tout à la fois Pascal, Bossuet et Fénelon : ce ne serait pas encore Platon écrivain » : mais en revanche, qui ne souscrirait volontiers à ce jugement de Cousin [4] : « Platon et Bossuet, voilà les deux plus grands maîtres du langage humain qui aient paru parmi les hommes, avec des différences manifestes comme aussi avec plus d'un trait de ressemblance : tous deux parlant d'ordinaire comme le peuple avec la dernière naïveté et par moments montant sans effort à une poésie aussi magnifique que celle d'Homère, ingénieux et polis jusqu'à la plus charmante délicatesse, et par instinct majestueux et sublimes. Platon, sans doute, a des grâces incomparables, la sérénité suprême et comme le demi-sourire de la sagesse divine. Bossuet a pour lui le pathétique où il n'a de rival que le grand Corneille. »

On sait avec quels transports ces dialogues furent accueillis et commentés par les humanistes de la Renaissance : ils n'ont pas cessé depuis lors de faire le charme des esprits les plus nobles et les plus cultivés.

---

1. Τὸ ἁπλοῦν (Hermogène, *de Formis*).
2. Denys d'Halicarnasse, comparant le style de Platon à celui des autres socratiques, trouvait dans le premier, sans doute par suite du contraste avec la sécheresse du second, l'empreinte du genre asiatique.
3. Pierron, *Histoire de la littérature grecque*.
4. *Du Vrai, du Beau et du Bien*, p. 218. — Le jugement de Hegel (*Gesch. der Philos.*, II, 184) est plus réservé : « Xenophon's, besonders aber Platon's Dialoge gehören zu den höchsten Mustern feiner, geselliger Bildung ».

COMMENTAIRE
GRAMMATICAL ET LITTÉRAIRE

Après l'étude générale et les vues d'ensemble contenues dans l'*Introduction*, il nous reste à faciliter à nos lecteurs l'intelligence et la traduction du texte[1] par un choix intelligent d'annotations. C'est la partie peut-être la plus intéressante, certainement la plus utile de notre tâche. Il ne nous paraît pas en effet qu'il suffise de marquer quelques variantes, d'expliquer les constructions rares ou irrégulières, d'éclairer les allusions qui, à deux mille ans de distance, courent risque sans ce secours d'être insaisissables pour un moderne. Rapprochements avec d'autres dialogues ou d'autres écrivains, citations empruntées à de savants critiques, éclaircissements discrètement puisés dans l'histoire de la philosophie, nous avons cru devoir ne rien négliger pour mettre en pleine lumière la pensée de Platon, toujours pure et élevée, mais ici particulièrement noble et généreuse, puisqu'elle s'inspire à la fois des règles éternelles de la conscience et des plus vénérables traditions.

---

1. Pour ne pas étendre inutilement ce travail, nous le restreignons à la partie du *Gorgias* (du chapitre XXVII à la fin) qui figure à la fois au programme de la licence ès lettres (années 1884-1885-1886) et de l'agrégation de grammaire (année 1884).

CHAPITRE XXXVII. **481 B.** — Οὐδὲν μέντοι οἶον τὸ αὐτὸν ἐρωτᾶν. Le français traduit littéralement, en ajoutant une simple conjonction : « Il n'y a rien de tel que de l'interroger. » Cette expression, qui se rencontre également chez d'autres écrivains, se lit déjà au chap. I de notre dialogue.

C. — Νὴ τοὺς θεοὺς ἀλλ' ἐπιθυμῶ. Remarquer l'emploi de ἀλλά, qui, soit après la formule affirmative νὴ τοὺς θεοὺς, soit après la formule négative μὰ τοὺς θεοὺς, sert également à renforcer la pensée.

Ἄλλο τι ἤ... « N'est-ce pas que...? »

Ἡμῶν τῶν ἀνθρώπων. Apposition qui pourrait paraître inutile, mais dont Aristophane et Platon fournissent d'autres exemples.

Πάθος, τοῖς μὲν ἄλλο τι, τοῖς δὲ ἄλλο τι, τὸ αὐτό. « *Affectio eadem, sed ejus apud alios alia ratio.* »

Ἴδιον... ἢ οἱ ἄλλοι. La conjonction ἢ s'explique par l'idée de différence contenue dans ἴδιον.

D. — Καὶ τοῦ Πυριλάμπους, sous-entendu υἱόν. Les comiques ont rendu célèbre ce fils de Pyrilampe, qui s'appelait Δῆμος (Aristophane, *Nuées*, 97).

Ὅτι,.. οὐ δυναμένου. Mélange de deux constructions différentes, l'une : αἰσθάνομαί σου, ὅτι οὐ δύνασαι, l'autre, αἰσθ. σοῦ οὐ δυναμένου.

E. — Διὰ τούτους, « à cause d'eux », c'est-à-dire en vue de leur plaire.

482 A. — Ἔμπληκτος. Suidas et Hésychius rendent tous deux ce mot par εὐμετάβλητος, « inconstant. »

Ἄλλων ἐστὶ λόγων. Olympiodore : Ἄλλοις χαίρει λόγοις. La versatilité fut en effet un des traits les plus saillants du caractère d'Alcibiade.

B. — Ἐξέλεγξον ὡς. « Convaincs-la (en prouvant) que. » Τὸ ἀδικεῖν ἁπάντων ἔσχατον κακῶν. L'idée supérieure de la justice est le fondement de toute la morale de Socrate.

Μὰ τὸν κύνα τὸν Αἰγύπτιον θεόν. Voilà un des passages qu'invoquaient les érudits anciens pour établir que Socrate et Platon avaient voyagé en Égypte. Ἰστέον δὲ, dit à ce propos Olympiodore, ὅτι καὶ εἰς Αἴγυπτον ἐπῆλθε (Πλάτων) πρὸς τοὺς ἐκεῖ ἱερατικοὺς ἀνθρώπους... διὸ καὶ ἐν τῷ Γοργίᾳ φησίν, οὐ μὰ τὸν Κύνα, τὸν παρ' Αἰγυπτίοις θεόν. Le même commentateur, avec une subtilité toute alexandrine, loue Socrate de rappeler le nom de l'animal qui est le symbole du discernement et de la sagesse. — Quant à l'idée ici exprimée, l'auteur du *Gorgias* s'est-il toujours souvenu que l'inconséquence est la faute la plus grave que l'on puisse reprocher à un philosophe? *De inconstantia Platonis longum est dicere*, écrivait déjà Cicéron (*De natura deorum*, I, 12).

CHAPITRE XXXVIII. 482 C. — Νεανιεύεσθαι. Le scoliaste : μέγα φρονεῖν, κομπάζειν.

Ταὐτὸν παθόντος Πώλου πάθος, ὅπερ κ. τ. λ. Allusion à ces paroles de Polus à Socrate, au commencement du chap. XVI : « Comprends-tu que Gorgias n'a pas osé te nier que l'orateur sût ce qu'est le juste, l'honnête et le bon, et que si on venait chez lui sans être instruit de ces choses, il les enseignerait? C'est cet aveu probablement qui est cause de la contradiction où il est tombé, et dont tu t'applaudis, l'ayant jeté dans ces sortes de questions. »

E. — Συμποδισθείς... ἐπεστομίσθη. Double métaphore tirée, l'une de la victime dont on lie les pieds pour la conduire au lieu du sacrifice, l'autre du cheval dont le mors retient les élans.

Ὡς τὰ πολλά. *Ut plerumque.*

483 A. — Ὁ δὲ καὶ σὺ τοῦτο τὸ σοφόν. Ces trois derniers mots servent à expliquer l'idée contenue dans le pronom ὅ. Si l'on se rappelle le sens attaché par Platon aux mots σοφίζειν et σοφιστής, on ne pourra s'empêcher de trouver ce langage singulièrement ironique dans la bouche de Calliclès.

Κακουργεῖν ἐν τοῖς λόγοις. « Être de mauvaise foi dans une discussion ».

Ἐδιώκαθες : forme poétique pour ἐδίωκες.

Φύσει μὲν γὰρ πᾶν αἴσχιον κ. τ. λ. Phrase qui présente quelque obscurité. Certains éditeurs remplacent πᾶν par πᾶσι : d'autres introduisent οἷον devant τὸ ἀδικεῖσθαι.

B. — Οὐδὲ γὰρ ἀνδρὸς... ἀλλ' ἀνδραπόδου τινός. Dans le dialogue qui porte son nom (71 E), Ménon, disciple de Gorgias, distingue de même entre la vertu de l'homme libre et celle de l'esclave.

Οἱ τιθέμενοι τοὺς νόμους. S'agit-il d'une cité libre où les législateurs sont soumis eux-mêmes à la loi qu'ils décrètent? on se sert du verbe au moyen, τίθεσθαι : s'agit-il au contraire d'un despote qui se considère comme supérieur à la loi? on dira τιθέναι νόμον.

C. — Ἀγαπῶσι... ἂν τὸ ἴσον ἔχωσι. « Ils se tiennent heureux que l'égalité règne ». — La doctrine exposée par Calliclès dans les dernières phrases de ce chapitre est celle que défend Thrasymaque au Ier livre de *la République* et que Platon réfute au IVe livre *des Lois*. — Deux penseurs modernes, placés aux antipodes du monde politique, l'absolutiste Hobbes et le démocrate Rousseau s'accordent néanmoins pour n'assigner d'autre rôle à l'État que la défense du faible contre les violences du fort. Est-il nécessaire de rappeler qu'il a une mission plus haute?

CHAPITRE XXXIX. 483 D. — Δίκαιόν ἐστι τὸν ἀμείνω τοῦ χείρονος πλέον ἔχειν. Le commentaire qui suit ne laisse aucun doute sur la pensée de Calliclès : c'est bien le *droit du plus fort* qu'il proclame ici sans détours, avec une netteté et une hardiesse qu'Hobbes imitera sans les surpasser.

Δηλοῖ δὲ ταῦτα. Tournure équivalente à δῆλά ἐστι ταῦτα. Pareil emploi du verbe δηλοῦν se retrouve plusieurs fois dans Hérodote et dans Platon.

E. — Ἢ ἄλλα μυρία κ. τ. λ. La construction se justifie sans peine à la seule condition de supposer une suspension après le premier mot. Au lieu de continuer à énumérer des faits particuliers, Calliclès résume tous les souvenirs historiques qui se présentent à sa mémoire dans cette phrase : ἄλλα μυρία κ. τ. λ.

Κατὰ φύσιν τὴν τοῦ δικαίου. Schleiermacher et Stallbaum rejettent les trois derniers mots. Dans ce passage il ne s'agit en effet nullement de « la nature du droit » mais bien « du droit de la nature », en entendant ici la nature à la façon des sophistes.

Πλάττοντες, même sens que παιδεύοντες, « façonnant ». Stallbaum demande avec raison qu'on place un point en haut après τιθέμεθα.

484 A. — Γράμματα. Walckenäer et d'autres éditeurs remplacent ce mot par περιάμματα, « amulettes ». — Μαγγανεύματα, « prestiges ».

Ἀνεφάνη. Aoriste d'habitude, selon l'expression adoptée par les grammairiens.

B. — Πίνδαρος. Il n'a pas été difficile à Bœckh et à Hermann de dégager de ce passage le texte même du poète. Les mots qui suivent : « Ce sont à peu près les paroles de Pindare; car je ne sais point cette ode par cœur », nous rendent très bien compte du vague habituel des citations chez les anciens. — Remarquer le sens particulier du verbe ἐπίσταμαι.

Γηρυόνου. Sur ce géant célèbre par sa cruauté, voir Hésiode, *Théogonie*, v. 289 et 982; Virgile, *Énéide*, VII, 662, et VIII, 201.

Τούτου. Ce pronom se rapporte à la phrase suivante, qui en donne le commentaire.

CHAPITRE XL. 484 C. — Φιλοσοφία γάρ τοι κ. τ. λ. Passage cité par Aulu-Gelle (X, 22).

Ἐν τῇ ἡλικίᾳ. Ce mot désigne ici évidemment la jeunesse, et πόρρω τῆς ἡλικίας, qu'on lit un peu plus loin, l'âge qui succède à la jeunesse, c'est-à-dire la maturité. Cf. *Rep.*, VI, 487 D.

D. Συμβολαίοις, « contrats », actes publics de tout genre. Le scoliaste : συμβόλαια παρὰ τοῖς Ἀττικοῖς αἱ ἀσφάλειαι καὶ συγγραφαὶ καὶ συνθῆκαι πόλεων, καθ' ἃς τὸ δίκαιον ἀλλήλαις ἔνεμον.

Τῶν ἠθῶν. Ne pas confondre ἦθος, « caractère », avec ἔθος, « coutume ». Il est parfaitement exact de reconnaître avec Calliclès qu'il y a une connaissance de l'homme social que l'observation intérieure, si pénétrante qu'on la suppose, est impuissante à nous donner.

E. — Οἱ πολιτικοί. Ce mot répond tout à fait à nos *politiciens* modernes.

Τὸ τοῦ Εὐριπίδου. Ce sont les paroles de Zéthus à Amphion dans une tragédie célèbre d'Euripide, *Antiope*, aujourd'hui malheureusement perdue. Aucune pièce, dit M. Weil, n'a laissé des traces plus nombreuses dans la littérature grecque et latine. Partout se retrouvent les souvenirs de la scène à laquelle il est fait ici allusion.

Ἵνα τυγχάνῃ. Quoique ἵνα signifie ici « où » et non « afin que », Stallbaum et d'autres éditeurs le construisent avec le subjonctif, comme l'équivalent de ὅπου ἄν qu'on lit dans la phrase suivante.

485 A. — Ὅσον παιδείας χάριν : « autant qu'en réclame la culture de l'esprit. » — Cf. Isocrate, *Panathen.*, 29-32.

B. — Παίζοντας, verbe que nous rendons littéralement en français par « faire l'enfant. »

Ὦ ἔτι προσήκει διαλέγεσθαι οὕτω, « à qui il sied encore de parler de la sorte ». Διαλέγεσθαι, qui désigne avant tout « le parler articulé », peut surprendre ici à côté de ψελλίζεσθαι, qu'Hézychius interprète par les mots : ἀσήμως λαλεῖν.

D. — Μὴ ἀπαλλαττομένον, s.-ent. τῆς φιλοσοφίας. — Dans *la République* (VI, 498), Platon répondant directement aux assertions de Calliclès, déclare que pour mener ici-bas une vie heureuse, c'est précisément au déclin de l'âge qu'il faut se livrer tout entier à la philosophie.

Τὰ μέσα τῆς πόλεως, hellénisme, auquel répondent en latin des constructions telles que *strata viarum*. La citation de la ligne suivante est empruntée à *l'Iliade*, IX, 441 :

οὐδ' ἀγορέων, ἵνα τ' ἄνδρες ἀριπρεπέες τελέθουσι.

Καταδεδυκότι βιῶναι... « se cachant pour vivre. » Comparer le remarquable portrait que Platon a tracé du philosophe dans le *Théétète* (172 C et suiv.). — Solon et Pisistrate avaient, dit-on, porté contre les oisifs une loi spéciale, γραφὴ ἀργίας. Mais dans la décadence du monde antique, toutes les sectes de philosophie ou à peu près étaient d'accord avec l'épicurisme pour fuir les agitations du forum et se soustraire aux charges publiques. C'est en vain que l'honnête Plutarque, dans ses traités de morale, proteste contre ce qu'il appelait un crime et une lâcheté.

Ἱκανόν, « dont on puisse se contenter ». Bien que ce mot offre un sens suffisant, plusieurs éditeurs approuvent la correction d'Heindorf, νεανικόν, terme qu'affectionnent Platon et Euripide.

Chapitre XLI. 485 E. — Ἐμοὶ ἐπέρχεται, « il me vient à l'esprit, » en latin *mihi succurit*.

Ἀμελεῖς ὧν δεῖ σε κ. τ. λ. Le Scoliaste fait à propos de ce passage la curieuse réflexion que voici : Σκόπει δὲ ὅπως δεῖ χρῆσθαι ταῖς μακροτέραις ῥήσεσι τῶν ποιητῶν, μὴ αὐτοὺς δίολου τιθέναι τοὺς στίχους, ἀλλά τι καὶ λέξεως πεζοτέρας εὖ πως αὐτοῖς ἀναμῖξαι. Citons ici, à titre d'exemple, la *restitution* des vers que Walcknaër a dégagés de la suite du discours de Calliclès :

Ἀμφίον, ἀμελεῖς ὧν ἐπιμελεῖσθαί σε δεῖ,
Αἰσχρῶς τε, ψυχῆς ὧδε γενναία φύσις,
Γυναικομίμῳ διαπρέπεις μορφώματι,
Οὔτ' ἐν δίκης βουλαῖσιν ὀρθῶς ἂν λόγον
Προθεῖο πιθανὸν, οὔτ' ἂν ἀσπίδος ποτὲ
Κύτει γ' ὁμιλήσειας, οὔτ' ἄλλων ὑπερ
Νεανικὸν βούλευμα βουλεύσαιό τι.
. . . . Ἀλλ' ἐμοὶ πιθοῦ,
Παῦσαι δ' ἀοιδῶν· πολεμίων δ' εὐμουσίαν
Ἄσκει· τοιαῦτ' ἄειδε καὶ δόξεις φρονεῖν,
Σκάπτων, ἀρῶν γῆν, ποιμνίοις ἐπιστατῶν,
Ἄλλοις τὰ κομψὰ ταῦτ' ἀφεὶς σοφίσματα,
Ἐξ ὧν κενοῖσιν ἐγκατοικήσεις δόμοις.

On peut se convaincre par ces vers que dès l'antiquité les partisans de l'éducation utilitaire et de l'éducation libérale étaient aux prises. C'est à Socrate de commenter à son tour quelques chapitres plus loin, la belle réponse d'Amphion : « L'étude et l'exercice de l'art sont des richesses supérieures à tous les trésors du monde. »

486 A. — Διαπρέπεις. Ce verbe, dans la prose attique, étant toujours employé comme verbe neutre, quelques éditeurs supposent qu'un participe tel que ἔχων ou λαχών gouvernait dans le texte primitif l'accusatif φύσιν.

Πιθανὸν λάθοις. Bonitz propose de remplacer ce dernier mot par λάχοις.

Εὐνοίᾳ τῇ σῇ, « la bienveillance que j'ai pour toi. »

Τοὺς πόῤῥω φιλοσοφίας ἐλαύνοντας, « ceux qui s'enfoncent chaque jour davantage dans la philosophie » : expression dont Platon s'est servi dans plusieurs autres passages.

B. — Οὐκ ἂν ἔχοις... σαυτῷ, « tu serais fort embarrassé de ta personne ». Même tournure, *Criton*, 45 B.

Θανάτου σοι τιμᾶσθαι, « requérir la mort contre toi ». Devant les tribunaux d'Athènes, tantôt la condamnation à infliger était fixée par la loi, tantôt les juges choisissaient entre les propositions de l'accusateur et celles de l'accusé.

C. — Περισυλᾶσθαι. Cet infinitif, de même que ζῆν qui suit, dépend de ἔθηκε, synonyme poétique de ἐποίησε.

Ἀτεχνῶς, « tout à fait », qu'il ne faut pas confondre avec ἀτέχνως, « sans art ».

Τὸν τοιοῦτον. Régime de τύπτοντα.

Εἴ τι... εἰρῆσθαι, s.-ent. ἐστί. « Bien que la chose soit un peu forte à dire. »

D. — Βίος. Synonyme de πλοῦτος.

CHAPITRE XLII. 486 D. — Οὐκ ἂν οἴει με ἄσμενον εὑρεῖν. Ἄν porte à la fois sur ἄσμενον et sur εὑρεῖν.

Ἢ βασανίζουσι. Certains manuscrits portent αἴ ; la véritable leçon est sans doute αἷς.

E. — Ἑρμαίῳ, « bonne fortune », terme que Platon affectionne ; mot à mot, « gain envoyé par Mercure » (Ἑρμῆς).

487 A. — Ὀρθῶς τε ζώσης καὶ μή. « Si elle vit bien ou mal ».

Διὰ τὸ μὴ σοφοὶ εἶναι. Remarquer l'attribut σοφοί au nominatif, parce qu'il se rapporte au sujet.

B. — Ἐναντία λέγειν ἐναντίον πολλῶν. Le même mot est employé dans deux acceptions fort différentes.

C. — Ἀξιόνατον.... Χολαργέα. Noms tirés de deux *dèmes* de l'Attique. On sait que les Grecs appelaient de ce nom des subdivisions de territoire et de population analogues à nos *communes*.

Εἰς τὴν ἀκρίβειαν φιλοσοφεῖν. « Devenir un philosophe consommé ». On connaît le précepte de saint Paul : *Oportet sapere ad sobrietatem*.

E. — Αἰσχύνης παρουσίᾳ. Deux manuscrits portent περιουσίᾳ. Quelque version que l'on préfère, l'intention satirique n'en est pas moins manifeste.

Ἡ ἐμὴ καὶ μὴ... ἀληθείας. Grou traduit : « La conformité d'opinion entre toi et moi sera en fin de compte la preuve de la vérité ». Il serait plus exact de dire : « se trouvera être la vérité parfaite. »

Μέχρι τοῦ. « Jusqu'à quel degré? »

488 A. — Οὐχ ἑκὼν ἁμαρτάνω. On sait qu'aux yeux de Socrate et de Platon son disciple toute faute résulte d'une ignorance involontaire.

B. — Βλᾶκα εἶναι. « homme sans cœur ». Le scoliaste : βλάξ ὁ χαῦνος τῇ προαιρέσει.

Μή τι ἄλλο... « est-ce que...? » en latin *numquid*.

Chapitre XLIII. 488 C. — Ἀκροᾶσθαι. La même métaphore qui a donné à πείθεσθαι le sens d'*obéir*, permet à Platon et à Aristophane d'employer ἀκροᾶσθαι au sens de « être soumis à ».

Ὡς τὸ κρεῖττον... ταὐτὸν ὄν. Exemple de ce que l'on appelle communément un nominatif absolu.

Ὅρος, « définition ». Les Latins, comme on le sait, emploient dans le même sens le mot *finis*.

D. — Διόρισον. L'impératif aoriste : ἐθέλησον ἀγαθὸς εἶναι, « sois bon maintenant » ne doit pas être confondu avec l'impératif présent : ἔθελε ἀγαθὸς εἶναι, « sois bon en général ».

E. — Βελτίους πολύ. Ce dernier mot étant difficile à justifier, Stallbaum approuve Hermann qui le remplace par που.

489 A. — Ὅπως μὴ ἁλώσει... αἰσχυνόμενος. Allusion ironique à la réplique de Calliclès (chap. XXXVIII). — Ὅπως ou ὅπως μή avec un futur, sans verbe qui précède, équivaut à un impératif.

Ἵνα βεβαιώσωμαι παρὰ σοῦ. « Afin que tu m'affermisses dans mon sentiment ». Construisez ainsi les mots qui suivent : ἅτε ἀνδρὸς ὡμολογηκότος ἱκανοῦ διαγνῶναι.

B. — Ἃ δὴ καὶ ἐγώ κ. τ. λ. Ce sont les propres paroles de Calliclès au chap. XXXVIII. — On voit avec quelle habileté dans ce passage Socrate retourne contre son adversaire ses propres armes.

Chapitre XLIV. 489 B. — Οὑτοσὶ ἀνήρ. Le Scoliaste : ὅρα τὴν πρὸς τοὺς ἑτέρους τοῦ λόγου ἀποστροφήν, ὅσην καὶ τοῦ Καλλικλέους καὶ κατὰ τὸ σχῆμα θρασύτητα δείκνυσιν. — Ὀνόματα θηρεύειν, « faire la chasse aux mots », c'est-à-dire épier chaque mot de son adversaire pour essayer de le prendre en faute.

C. — Συρφετός, « ramassis », se rattache par sa racine au verbe σύρω. — Συλλέγῃ, subj. aor. II passif.

Καὶ οὗτοι φῶσιν; pour que cette phrase ne soit pas incomplète, certains éditeurs placent ἃ ἂν avant οὗτοι, d'autres ajoutent ἄττα après φῶσιν.

D. — Τοπάζω, « je soupçonne ». Le scoliaste : ὑπονοῶ, εἰκάζω.

E. Ὀνόματα λέγεις, « tu parles pour parler ».

CHAPITRE XLV. 490 B. — Ἔχε δὴ αὐτοῦ, « tiens-toi à ce principe », mot à mot, *hic subsistas*. — Le scoliaste interprète cette phrase par μέμνησο τῶν ῥηθέντων.

C. — Τῷ μὲν ἄρχειν, équivaut à διὰ τὸ ἄρχειν.

Περὶ σιτία λέγεις. On s'attendrait plutôt à trouver σιτίων. Cependant on lit dans Xénophon : Ἀσεβὲς οὐδὲν περὶ τοὺς θεοὺς λέγειν.

E. — Τὸν φρονιμώτατον. La plupart des manuscrits portent φρονιμώτερον, que Stallbaum rend par *non tam insipiens*.

Φλυαρεῖς ἔχων. Tournure bizarre, où le participe ἔχων est évidemment explétif.

491 A. — Ὡς... τὸν λόγον. Exemple d'accusatif absolu. — Socrate, remarque à ce propos M. Fouillée, ne reculait jamais devant les sujets les plus familiers et les exemples les plus communs. Sous la trivialité de son langage, il y avait outre l'ironie à l'adresse des sophistes et des rhéteurs, une pensée profondément philosophique : c'est que la science peut être tirée des objets les plus humbles et des plus humbles esprits comme des plus élevés. Il n'y a rien d'absolument vil : tout reflète la pensée, tout peut donner à la pensée la conscience d'elle-même.

Ὑποβάλλειν, « suggérer », *subjicere*.

B. — Οἰκεῖτο. Ce verbe est pris ici au sens habituel de son composé διοικεῖν, « administrer ».

CHAPITRE XLVI. 491 C. — Ἥκεις ἔχων, familièrement, « tu nous viens dire ».

Εἰπὼν ἀπαλλάγηθι, « dis enfin », mot à mot, débarrasse-toi ayant dit.

D. — Τί δέ; αὐτῶν, κ. τ. λ. Manuscrits et éditeurs sont en complet désaccord sur le texte et la ponctuation de cette réponse de Socrate.

Ἦ τοῦτο μὲν οὐδὲν δεῖ. Il existe d'autres exemples de l'accusatif avec δεῖ. On lit de même dans Plaute : « *Puero opus est cibum.* »

Οὐδὲν ποικίλον, « rien d'extraordinaire », *nihil varium subdolumque.*

E. — Ὡς ἡδὺς εἶ. Les Latins emploient quelquefois *suavis* dans des apostrophes ironiques, comme celle-ci.

Ὅτι τοῦτο λέγω. D'autres éditeurs écrivent οὐ τοῦτο λέγω, Stallbaum οὕτω λέγω.

Τὰς μὲν ἐπιθυμίας... μὴ κολάζειν. C'est la morale du plaisir, telle qu'Aristippe allait la prêcher deux siècles avant Épicure. Dans la bouche de Calliclès elle se présente avec je ne sais quelle fierté qui en dissimule au premier abord la bassesse.

492 A. — Ὅπερ... ἔλεγον. Voyez au chap. XXXVIII.

B. — Ἐπεί γ' οἷς ἐξ ἀρχῆς κ. τ. λ. Le verbe ὑπῆρξεν est suivi dans la même phrase de υἱέσιν εἶναι d'abord, puis de αὐτοὺς ἱκανοὺς ἐκπορίσασθαι. Les prosateurs comme les poètes grecs offrent d'assez nombreux exemples de cette irrégularité.

Τί... κάκιον εἴη. Il paraît nécessaire de rétablir devant cet optatif la particule ἄν.

Ἐξόν, participe absolu, comme δέον, προσῆκον, μέλον, etc.

Ἐπαγάγοιντο. L'optatif répond ici exactement à notre conditionnel.

CHAPITRE XLVII. **492** D. — Οὐκ ἀγεννῶς, « avec bravoure ».

Σαφῶς γὰρ... οὐκ ἐθέλουσι. Il y a ainsi dans tous les systèmes des *enfants perdus* qui déchirant tous les voiles, tirent tout haut des principes posés les conséquences devant lesquelles d'autres reculent. Tels au siècle dernier Lamettrie et d'Holbach dans le camp des encyclopédistes.

Ἀνεῖναι, inf. aor. II, de ἀνίημι, « se relâcher ».

Ἐῶντα... ἑτοιμάζειν, accusatif qui ne s'explique qu'en substituant par la pensée à κολαστέον son équivalent δεῖ κολάζειν.

E. — Οὐκ ἄρ' ὀρθῶς... εἶναι. Dans un entretien avec Antiphon

(*Memor.* I, vi, 10) Socrate développe avec finesse cette thèse que les heureux ici-bas sont ceux qui n'ont pas de besoins. En voici la conclusion : « Les délices, la magnificence, voilà ce que vous appelez le bonheur : pour moi je crois que s'il n'appartient qu'à la divinité de n'avoir besoin de rien, c'est en approcher que d'avoir besoin de peu ». — On sait avec quel talent Gœthe a personnifié dans son *Faust* l'âme humaine s'abandonnant à la poursuite effrénée de la jouissance.

Τίς δ' οἶδεν... ζῆν. « Les scolies sur Platon nous apprennent que ces vers sont tirés d'une tragédie intitulée *Phrixus*, et le scoliaste d'Euripide (*ad Hippol.*, v. 191) les cite comme étant d'une tragédie intitulée *Polyidus*, qu'on croit être la même que celle dont on trouve d'autres extraits sous le nom de *Glaucus* » (Thurot).

493 A. — Ὅπερ... τῶν σοφῶν. Ce sage est Héraclite, auquel Clément d'Alexandrie (*Stromates*, p. 434) et Sextus Empiricus (*Pyrrh. Hyp.*, III, 24) attribuent cet étrange paradoxe.

Τὸ σῶμά ἐστιν ἡμῖν σῆμα. Cette pensée, d'origine pythagoricienne ou plutôt orphique, se retrouve dans le *Cratyle*. — Τῆς δὲ ψυχῆς τοῦτο. On sait que Platon distingue d'ordinaire trois âmes ou trois parties dans l'âme, la raison (νοῦς), l'activité (θύμος) et l'appétit (τὸ ἐπιθυμητικόν). C'est de cette dernière qu'il s'agit ici.

Μεταπίπτειν ἄνω κάτω, « passer d'une extrémité à l'autre ».

Κομψὸς ἀνήρ, ἴσως Σικελός τις ἢ Ἰταλικός. Quel est le philosophe auquel Platon fait ainsi allusion? Bœckh et Susemihl ont songé à Philolaüs, tandis que dès l'antiquité, comme le prouve le commentaire du scoliaste, on avait appliqué ces mots à Empédocle. Cette dernière opinion est d'autant plus probable que le philosophe d'Agrigente avait compté Gorgias parmi ses disciples, et qu'il affectait des expressions énigmatiques et figurées; Aristote dit de lui (*de Cœlo*, p. 129) : μυθικώτερον ὡς ποιητής. L'épithète de κομψός, par laquelle Platon désigne communément une élégance artificielle, convient à un philosophe qui se posait volontiers en prêtre et en prophète. — Schleiermacher a fait sur tout ce passage des réflexions très justes dont je détache les lignes suivantes : « Uebrigens ist es wohl sehr wunderlich, dieses gerade für heiligen pythagoreischen Ernst zu nehmen... Auch hier ist ein guter Theil leiser Scherz über die wohlgemeinte aber unfruchtbare Kostbarkeit und Schwerfälligkeit solcher Dinge, und Socrates will zeigen, wie er nicht eher weiter kommt mit seinem Gegner, bis er wieder zu seiner einfachen und schlichten Methode zurückkehrt. »

Παράγων τῷ ὀνόματι, « jouant sur les mots ». Il n'y a en effet qu'une ressemblance toute fortuite entre πίθος « tonneau » et πιθανός, « crédule ».

Ἀνόητος, « insensé, intempérants » : ἀμύητος, « non initié et si l'on remonte à l'étymologie, « mal fermé ».

B. — Ὡς... πίθος, s.-ent. ἔλεγε, implicitement contenu dans ὠνόμασε. C'est une comparaison qui revient fréquemment chez Lucrèce (Voir notamment III, 949; VI, 17).

Τῶν ἐν Ἀιδου, τὸ ἀειδὲς δὴ λέγων. « L'enfer, c'est l'obscur, parce que nous sommes dans les ténèbres tant que l'âme est asservie au corps » (Olympiodore).

C. — Δι' ἀπιστίαν τε καὶ λήθην, « n'ayant ni certitude ni souvenir de rien ».

Ὑπό τι ἄτοπα, « bizarres jusqu'à un certain point ».

Μετατίθημι (actif), « transposer » : μετατίθεμαι (moyen) « se rétracter, changer d'avis ».

D. — Οὐδὲν, ἀλλ' ἂν καὶ πολλά. Ces mots fort peu intelligibles qu'on lisait dans presque toutes les anciennes éditions, ont été corrigées comme suit : οὐδ' ἂν ἄλλα πολλά.

CHAPITRE XLVIII. 493 D. — Εἰκόνα; remarquer ce mot auquel répond directement le français *image*.

Γυμνασίου. On voit par là que dès le temps de Platon γυμνάσιον était pris au figuré, comme le sera plus tard σχολή, pour désigner ce que nous appelons aujourd'hui une *école* philosophique.

E. — Οἴνου, μέλιτος, γάλακτος, « Ces liqueurs, rares et difficiles à se procurer (σπάνια καὶ χαλεπά) sont l'image des choses extérieures par lesquelles nous essayons de rassasier nos passions qui sont insatiables de leur nature » (Olympiodore).

Ἕνεκα τούτων, « à cet égard ».

Ἐσχάτας. Comparer le latin *extremus* ou *novissimus*.

494 B. — Ἐπιρρεῖν. Même sens que *affluere* en latin.
Χαράδριου. Le Scoliaste : Ὄρνις τις, ὃς ἅμα τῷ ἐσθίειν ἐκκρίνει.

C. — Καὶ δυνάμενον... ζῆν. Stallbaum ne paraît pas avoir saisi la véritable construction, qui est la suivante : καὶ δυνάμενον ζῆν εὐδαιμόνως χαίροντα πληροῦντα, « et qui peut vivre heureusement, parce qu'il jouit de les satisfaire ». Certains éditeurs à l'exemple d'Henri Estienne, suppriment la difficulté en remplaçant le participe πληροῦντα par l'infinitif πληροῦν.

CHAPITRE XLIX. 494 C. — Ὅπως μὴ ἀπαισχυνεῖ. Voir la note 6 du chap. XLIII.

Κνησιῶντα. On sait que le suffixe είω ou ιάω sert à former en grec des *verbes de désir*, répondant aux mots latins *esurire, scripturire, lecturire*.

D. — Οὐ μὴ ἐκπλαγῇς (subj. aor. II, passif). Οὐ μὴ placé ainsi devant un subjonctif aoriste, lui donne le sens du futur.

Ἀνδρεῖος γὰρ εἶ. Euphémisme pour ἀναιδής, si l'on en croit le Scoliaste.

E. — Τὰ ἐχόμενα. Comme nous dirions, « les appartenances » de la question. Relier τούτοις à ἐφεξῆς.

Ἀνέδην οὕτω, « avec si peu de façons ». Racine : ἀνίημι. — Les éditions anciennes portaient ἀναίδην.

495 A. — Ἀνομολογούμενος. Buttmann et Stallbaum ont raison d'expliquer ce participe non par la préposition ἀνά, mais par un α privatif.

B. — Ἄθρει μὴ οὐ... ἀγαθόν, « prends garde que le bien ne soit tout autre chose que... »

Αἰνιχθέντα, « insinué à mots couverts. »

CHAPITRE L. 495 C. — Διελοῦ τάδε, « explique-toi sur ce point ».

D. — Καλλικλῆς ὁ Ἀχαρνεύς. Stallbaum fait au sujet de ce dernier mot la remarque suivante : « *Jocose addit Socrates nomen pagi, unde Callicles oriundus erat : quod fieri solebat in fœderibus jungendis, pactis faciendis, suffragiis ferendis, psephismatis, aliis publicis negotiis in judicio aut concionibus transigendis* ».

E. — Περὶ ὅτου... σκόπει, s.-ent. μέρους. « Examine à part telle partie du corps qu'il te plaira ».

496 A. — Ὧ ὄνομα ὀφθαλμία. Ce pronom relatif n'a pas d'antécédent, mais il se rapporte à l'idée de maladie contenue dans νοσεῖν qui précède.

B. — Ἐν μέρει, « tour à tour. »

C. — Ὑπερφυῶς ὡς, comme θαυμάστως ὡς ou θαυμαστὸν ὅσον.

CHAPITRE LI. 496 D. — Τούτου οὗ λέγεις... ἐστί; « dans ce que tu viens de dire, *avoir soif* marque bien une douleur. »

E. — Λυπούμενον χαίρειν. — De même dans le *Phédon*, Socrate insiste sur l'union intime du plaisir et de la douleur, comme si un lien naturel les rendait inséparables.

Εἴτε ψυχῆς. Stallbaum propose pour donner à l'expression toute sa clarté, d'ajouter à la suite de ces deux mots la préposition περί.

496 A. — Ἀκκίζει. Le scoliaste : Ἀντὶ τοῦ, ἀλλὰ προσποιῇ μωρίαν καὶ τὸ μὴ εἰδέναι. Ἀκκὼ γέγονε γυνή τις μωρὰ καὶ ἀνόητος.

B. — Σμικρὰ... ἐξελέγχει. « Ces petites questions sont le meilleur instrument d'analyse. Aristophane reproche aussi à Socrate ses petites sentences (γνωμίδιαι), menues comme de la poussière » (M. Fouillée). Hippias (*Hipp. maj.*, 304 A) les appelait περιτμήματα.

Οὐ σὴ αὕτη ἡ τιμή. « Ce n'est pas ton affaire ». Τιμή, que Ficin traduisait à tort par *officium*, signifie ici « une amende »

CHAPITRE LII. 497 C. — Τὰ μεγάλα...σμικρά. Le Scoliaste : Δηλονότι μυστήρια· διττὰ ἦν τὰ μυστήρια παρ' Ἀθηναίοις καὶ τὰ μὲν μικρὰ ἐκαλεῖτο, ἅπερ ἐν ἄστει ἐτέλουν, τὰ δὲ μεγάλα, ἅπερ Ἐλευσῖνι ἤγετο· καὶ πρότερον ἔδει τὰ μικρὰ μυηθῆναι, εἶτα τὰ μεγάλα.

D. — Ἀλλὰ μὴν... παύεται. Toute l'argumentation repose sur ce fait que tandis que le plaisir et la douleur peuvent coexister dans la même sensation, le bien et le mal sont deux contraires absolus, qui s'excluent nécessairement.

E. — Τοὺς ἀγαθοὺς... καλεῖς. M. Fouillée trouve ici une allusion à l'*Idée* du bien qui par sa présence dans un être, lui donne le nom et la qualification de *bon*. — L'allusion, si toutefois elle existe, est bien peu précise, et en sortant de la lecture du *Phédon* et de la *République*, il est difficile d'admettre qu'il y ait dans le *Gorgias* « certaines pages toutes remplies de la métaphysique des Idées ». C'est du moins ce que conteste formellement Stallbaum. « *In Gorgia ideæ boni nulla usquam aut significatio fit aut mentio injicitur. Enimvero in hoc quidem opere omnia disciplinæ Socraticæ referunt similitudinem, necdum ulla doctrinæ idearum reperiuntur vestigia.* »

498 A. — Ἀμφότεροι μᾶλλον. Il ne faut voir dans ces mots qu'une simple plaisanterie de Calliclès.

C. — Ἦ καὶ ἔτι... κακοί ; « Les méchants ne sont-ils pas tout à la fois meilleurs et pires (que les bons)? » Pour comprendre cette phrase, on ne doit pas perdre de vue que Calliclès identifie le bien et le plaisir, le mal et la douleur. Cette explication est préférable à celle des interprètes qui, se plaçant au point de vue de Socrate, jugent les méchants inférieurs aux bons sous le rapport de la sagesse et du courage.

CHAPITRE LIII. **498 E.** — Οἱ μέν γε μᾶλλον... παραπλησίως. Le sens de cette phrase est qu'il y a toujours proportion exacte entre le bien et le plaisir d'un côté, entre le mal et la douleur de l'autre.

Καὶ δὶς γὰρ... ἐπισκοπεῖσθαι. Cette pensée familière à Platon (on la retrouve dans le *Philèbe* (59 E) et dans deux passages des *Lois*) était devenue proverbe. Le scoliaste nous apprend qu'elle était tirée des poèmes d'Empédocle. — Toute cette réfutation de la doctrine du plaisir est longuement analysée dans le commentaire d'Olympiodore.

CHAPITRE LIV. **499 B.** Τούτου ἄσμενος ἔχει, « tu t'en empares avec empressement ». — Ὡς δὴ σὺ οἴει, « tu penses vraiment... »

C. — Ὑπὸ σοῦ ἑκόντος εἶναι. Stallbaum : « *Quantum quidem a tua voluntate penderet* ». Bien qu'au dire de la plupart des grammairiens, εἶναι soit ici explétif, cependant on ne peut pas absolument confondre ἑκών, *libens* et ἑκὼν εἶναι, *consulte*.

Τὸ παρὸν εὖ ποιεῖν, « faire son profit du présent ». Hésychius : Τὸ παρὸν εὖ τίθεσο, παροιμία, ἧς καὶ Πλάτων ἐν Γοργίᾳ μνημονεύει.

D. — Οἷον κατὰ τὸ σῶμα. Dans ce passage comme dans quelques autres, on pourrait reprocher à Platon d'exagérer les ressemblances de l'âme avec le corps, et de pousser trop loin les analogies entre le physique et le moral.

E. — Ἔδοξε πρακτέον εἶναι. C'est la thèse soutenue au chapitre XXIV de notre dialogue.

Τέλος εἶναι... τῶν ἄλλων. Aux yeux de Socrate et de Platon, ce qui distingue le bien, c'est qu'étant à lui-même sa propre fin, il a un caractère absolu, non relatif.

500 A. — Ἐκ τρίτου, « au troisième rang ».

CHAPITRE LV. 500 A. — Ἔλεγον γάρ. Voyez le chapitre XIX.

B. — Παρασκευαί. D'après le Scoliaste, ce mot est comme un intermédiaire entre τέχνη et ἐμπειρία.

Πρὸς Φιλίου. L'un des surnoms de Jupiter, considéré comme le dieu de l'amitié, ὁ τῆς φιλίας ἐπιστάτης, selon l'expresion d'Olympiodore.

C. — Οὗ τι ἂν μᾶλλον... ἢ τοῦτο. Le pronom τοῦτο représente la même idée que le relatif οὗ qui commence la phrase. L'un de ces deux mots pourrait donc à la rigueur se supprimer. Mais ce pléonasme n'est pas rare chez les meilleurs auteurs (voir par exemple, *Criton* 44 C).

Ταῦτα πράττοντα. Il s'agit, comme l'annonce le δή légèrement ironique qui précède, du politique formé à l'école de Calliclès.

Ἐστίν... διαφέρων. Périphrase pour διαφέρει, répondant au moins grammaticalement, à la forme anglaise *I am reading*.

Ἴσως οὖν κ. τ. λ. Le Scoliaste attire l'attention sur la méthode esquissée dans cette phrase : d'abord distinguer les choses, puis noter leurs différences, enfin leur assigner à chacune sa valeur véritable.

D. — Εἰ ἔστι. Remarquer l'accentuation du verbe. « Si ces deux vies existent réellement. »

Τὴν δὲ τοῦ ἀγαθοῦ. La phrase est ici suspendue, Socrate avant de poursuivre, voulant s'assurer que Calliclès est d'accord avec lui sur les principes qu'il vient d'énoncer.

CHAPITRE LVI. 500 E. — Διομολόγησαι. Impératif aoriste.

501 A. — Ἡ δ' ἑτέρα τῆς ἡδονῆς κ. τ. λ. Cette phrase offre un changement de construction assez curieux. Après les mots que nous venons de transcrire, il faudrait lire ou sous-entendre οὔτε τὴν φύσιν ἔσκεπται; mais après le membre de phrase πρὸς ἥν, etc., Platon a recours à une autre tournure. Au dire de certains critiques, ces négligences apparentes ont pour but de reproduire plus fidèlement l'allure libre et dégagée des conversations quotidiennes.

Ἀτέχνως. Voir la note 10 du chapitre XLI.

B. Οὔτε μέλον αὐταῖς : anacoluthe. La construction régulière serait οὔτε ἐπιμελούμεναι.

C. — Ἀσκέπτως ἔχων τοῦ ἀμείνονος. Cette expression : ἀσκέπτως ἔχειν se construit avec le génitif comme ἀμελεῖν dont elle est l'équivalent.

CHAPITRE LVII. 501 D. — Τὴν αὐλητικήν. Il faut lire dans la *République* (III, 398 D-399 E) la condamnation sévère portée par Platon contre tout genre de musique qui ne vise qu'à flatter les sens. « La musique, dit à ce propos Olympiodore, ne doit pas seulement rechercher l'harmonie, mais aussi des pensées nobles : elle doit porter à l'âme des sentiments sublimes. »

501 E. — Κινησίαν. Poëte fameux par la dépravation de son art et de ses mœurs.

502 B. — Τί δὲ δὴ ἡ σεμνή κ. τ. λ. Si l'on songe à l'élévation morale du théâtre d'Eschyle, de Sophocle et même de certaines pièces d'Euripide, le langage que tient ici Platon est fait pour surprendre. Rappelons-nous cependant qu'au moment où fut composé le *Gorgias*, ces princes de la scène athénienne étaient morts, ne laissant après eux que des héritiers dégénérés (Cf. *Grenouilles*, 92-97). Il est visible d'ailleurs que Platon, comme tous les grands esprits en quête de réformes radicales, a été particulièrement frappé par les défauts de la société athénienne de son temps.

Ἀηδὲς καὶ ὠφέλιμον. La conjonction καί est ici synonyme de ἀλλά.

C. — Τὸ χαρίζεσθαι τοῖς θεαταῖς. L'exemple en avait déjà été donné par Euripide, dont un ancien a dit avec raison : Ὅλος ἐστὶ τοῦ θεάτρου. Il en est de même de cet autre reproche de Platon : ῥητορεύειν ἐν τοῖς θεάτροις. — Qu'une certaine rhétorique soit indispensable au poète dramatique, lequel au fond fait *parler* ses personnages devant nous bien plus qu'il ne les fait *agir*, c'est incontestable. Mais cette préoccupation ne peut et ne doit être pour lui que secondaire.

Λόγοι γίγνονται τὸ λειπόμενον. Ce n'est pas une chose très rare que de voir le verbe s'accorder ainsi non avec le sujet, mais avec l'attribut.

D. — Παίδων τε καὶ γυναικῶν κ. τ. λ. Heindorf a conclu de cette phrase rapprochée d'autres passages de Platon (notamment *Lois*, VII, 817 C) qu'au quatrième siècle l'entrée du théâtre n'était interdite ni aux femmes ni aux esclaves.

CHAPITRE LVIII. 502 E. — Τούτου στοχαζόμενοι... λόγους. Peut être sera-t-on tenté de reprocher à Platon de concevoir la science du gouvernement d'une façon plus rationnelle que pratique : mais quelle peinture immortelle des procédés mis en œuvre par les démagogues de tous les temps!

Τοῦ ἰδίου τοῦ αὐτῶν, « leur intérêt personnel ».

503 A. — Οὐχ ἁπλοῦν... ἐρωτᾷς, « ce n'est plus là une question simple », en d'autres termes, « tu confonds deux choses distinctes ».

B. — Αἰτίαν ἔχουσι... γεγονέναι, « auquel les Athéniens peuvent imputer de les avoir rendus meilleurs ».

C. — Ἀκούεις. Stallbaum fait au sujet de ce verbe la remarque suivante : « *Præsens de durante fama vel de eo quod quis vel nunc, si nondum audivit antea, audire potest, usu loquendi fere perpetuo ponitur.* » (Cf. *Philoctète*, v. 261).

Νεωστί. Nous avons rappelé dans notre *Introduction* (ch. 2), que cet adverbe ne désignait pas nécessairement une date rapprochée.

Εἰ ἔστι γε..., sous-entendu, je te l'accorde, si...

D. — Ἀποτελεῖν. Sous-entendu δεῖ, ou plus simplement ἐστί.

Τοῦτο δὲ τέχνη τις εἶναι. Au point de vue grammatical, cette phrase est en désaccord avec tout ce qui précède, car elle suppose un verbe passif tel que ὡμολογεῖτο.

CHAPITRE LIX. 503 D. — Ἀτρέμα σκοπούμενοι, « examinant la chose à loisir et sans passion ».

E. — Προσφέρει. Remarquer le verbe au singulier, après un sujet au pluriel, suivi d'ἕκαστος.

Τάξιν... πρέπον εἶναι... ἁρμόττειν. On ne sera pas surpris de voir ici ces mots si fréquemment répétés. Sans doute l'ordre a été de tout temps considéré comme un des éléments essentiels de la beauté : mais le génie grec était particulièrement avide d'harmonie et de proportion. Une remarque d'Aristote (*De anima*, I, 4, 4) s'applique directement à ce qui suit : Ἁρμόζει δὲ μᾶλλον καθ' ὑγιείας λέγειν ἁρμονίαν καὶ ὅλως τῶν σωματικῶν ἀρετῶν ἢ κατὰ ψυχῆς.

504 D. — Νόμιμόν τε καὶ νόμος. Le rapprochement de ces deux mots paraissant peu satisfaisant, un des récents éditeurs du *Gorgias* a proposé de changer le second en κόσμιον. — Le *Philèbe* (p. 65 et suiv.) contient un éloquent développement de la théorie qui est ici résumée.

CHAPITRE LX. 504 D. — Ὁ ῥήτωρ ἐκεῖνος. « Cet orateur que je rêve ». Platon ne l'eût-il pas reconnu, s'il lui eût été donné un demi-siècle plus tard, d'entendre sur le Pnyx d'Athènes le dernier défenseur de la liberté hellénique, Démosthène, dédaigneux des applaudissements qui flattent l'amour-propre, gourmander sans relâche ses concitoyens dégénérés?

505 B. — Κολάζειν. Aristote distingue très judicieusement entre le châtiment infligé par esprit de vengeance, τιμωρία, et la punition imposée en vue de l'amélioration du coupable, κόλασις.

C. — Αὐτὸς γνώσει. Expression qui répond exactement à la locution latine *tu videris*.

D. — Θέμις. Ce mot tantôt se décline, tantôt s'emploie indéclinable, comme ici.

Ἐπιθέντας κεφαλήν. Ce mot est pris au figuré dans le sens de « couronnement, achèvement ». Cf. *Lois* VI, 752 A : Οὔκουν μῦθον ἀκέφαλον ἑκὼν καταλίποιμι. De même parmi les dialogues attribués à Platon, les critiques anciens en avaient mis à part un certain nombre qui leur paraissaient incomplets et que pour ce motif ils appelèrent ἀκέφαλοι (Diog. Laërt., III, 62). — Le Scoliaste : Κεφαλὴν τοῦ μύθου τὸν νοῦν αἰνίττονται.

LE GORGIAS. 61

CHAPITRE LXI. 505 C. — Λέγων κατὰ σαυτόν, « te parlant à toi-même ».

Τὸ τοῦ Ἐπιχάρμου. D'après le Scoliaste, Platon ferait ici allusion à une pièce d'Épicharme où l'on voyait un auteur finir par jouer un double rôle. Il est plus simple de se reporter à ce vers du même poète, qui avait passé en proverbe :

Τὰ πρὸ τοῦ δύ' ἄνδρες ἔλεγον, εἷς ἐγὼν ἀποχρέω.

E. — Δίειμι .. τῷ λόγῳ. Thurot propose de lire : τὸν λόγον.

506 A. — Καταλαμβάνεσθαι ; selon quelques traducteurs, « prendre la parole », selon le plus grand nombre, « reprendre ».

B. — Ἕως αὐτῷ... Ζήθου. Voyez plus haut, 485 E. Comme le fait observer le scoliaste, Socrate entend défendre la philosophie de même qu'Amphion avait défendu le goût des choses de l'esprit contre les accusations de son frère. A Zéthus, qui lui reprochait d'être un membre inutile de la famille et de l'État, Amphion répondait : « C'est la raison qui préside au gouvernement des cités et à la direction des familles », et il montrait en même temps les pierres qui, dociles aux sons de sa lyre, venaient d'elles-mêmes former les remparts de Thèbes.

C. — Μέγιστος... ἀναγράψει. « C'était l'usage chez les Perses d'écrire sur des registres particuliers les noms de ceux qui avaient rendu au roi quelque service signalé (Hérodote, VIII, 85). Cette coutume passa aux Grecs. Les villes et les peuples firent inscrire (ἀναγράφεσθαι) sur des monuments publics ou proclamer solennellement (ἀνακηρύττειν) les noms de ceux qu'ils regardaient comme leurs bienfaiteurs » (Thurot). Le *Corpus inscriptionum* abonde en dédicaces de ce genre. — Ἀναγεγράψει, futur III passif.

CHAPITRE LXII. 506 D. — Οὐχ οὕτως εἰκῇ. Stallbaum, s'appuyant sur d'autres passages de Platon, corrige : οὐ τῷ εἰκῇ.

507 C. — Τὸν ἀγαθὸν... εὐδαίμονα εἶναι. Platon, aux yeux duquel *science, vertu, bonheur*, sont pour ainsi dire trois mots synonymes, joue ici complaisamment sur le double sens de

la locution grecque εὖ καὶ καλῶς πράττειν, signifiant tantôt *bien agir*, tantôt *être heureux*.

CHAPITRE LXIII. 507 C. — Τὸν βουλόμενον... διωκτέον. Les adjectifs verbaux se construisent d'ordinaire avec leur régime au datif : cependant l'accusatif, qui n'est pas rare en pareil cas chez Platon, s'explique si l'on réfléchit que διωκτέον, par exemple, est l'équivalent exact de δεῖ διώκειν.

D. Ὡς ἔχει ποδῶν, « de toute sa vitesse », locution consacrée.

Οὗτος... ὁ σκοπός. Le Scoliaste fait à propos de ce mot la remarque suivante : Σκοπὸς τέλος ἀνίκθατον, τέλος δὲ σκοπὸς ἐκβεβηκώς.

Εἰς τοῦτο... ὅπως. Τοῦτο sert à préparer la phrase qui commence par ὅπως, si bien approprié à ce tout « ordonné, conséquent, logique, parfaitement intelligible en soi, de plus en plus intelligible à mesure que le génie monte plus haut et s'avance plus tard. » (M. Caro).

E. — Ἀνήνυτον κακόν, « mal sans fin, sans remède », expression familière à Platon.

Φασὶ δ' οἱ σοφοί. D'après le Scoliaste, les sages dont parle ici Socrate sont les Pythagoriciens et plus particulièrement Empédocle, qui appelait *amour* ou *harmonie* la force présidant à la naissance et à la conservation des êtres (Cf. Cicéron, *de Amicitia*, VII).

508 A. — Τὸ ὅλον... κόσμον καλοῦσιν. On sait que Pythagore est le premier qui ait donné à l'ensemble des choses ce beau nom de κόσμος.

Ἡ ἰσότης ἡ γεωμετρική. Le scoliaste nous avertit que par cette expression figurée, empruntée sans doute au symbolisme pythagoricien, il faut entendre *la justice*.

Οὗτος ὁ λόγος... ὡς. Ici, comme au chapitre XXXVII, ὡς doit se traduire par « en démontrant que ».

B. Τὰ πρόσθεν ἐκεῖνα. Voir le chapitre XXXVI, 480 B.

CHAPITRE LXIV. 508 C. — Εἰμὶ δὲ ἐπὶ τῷ βουλομένῳ, « je suis à la discrétion du premier venu ».

Οἱ ἄτιμοι. On sait que l'ἀτιμία, ou privation des droits civils, était une des peines les plus sévères infligées à Athènes.

D. — Τὸ νεανικόν, mot très bien choisi pour caractériser l'intempérance de langage habituelle à la jeunesse. Ἀγροικότερον, un peu plus loin, a un sens analogue.

509 B. — Τὴν αἰσχίστην βοήθειαν, l'impuissance de se ménager ce secours. C'est de l'âme qu'il s'agit d'abord, dit le Scoliaste, puis du corps (δευτέραν), enfin des biens extérieurs (τρίτην).

CHAPITRE LXV. 509 D. — Οὐκ ἀδικήσεται. Le futur passif est remplacé ici, comme fréquemment chez les Attiques, par le futur moyen.

Τί δὲ δὴ τοῦ ἀδικεῖν; Cet emploi du génitif après τί interrogatif constitue une anomalie assez curieuse.

E. — Ἄκοντας... ἀδικεῖν. On reconnaît ici une des théories favorites de Socrate et de Platon son disciple. L'auteur du *Gorgias* pouvait lire cependant dans cette même *Antiope* d'Euripide à laquelle il a fait tant d'emprunts : « C'est une faute où tombent bien des mortels : tout en voyant le bien, ils n'écoutent pas la voix de leur raison. »

510 A. — Τῆς ὑπαρχούσης πολιτείας, « le gouvernement établi. »

CHAPITRE LXVI. 510 B. — Φίλος... λέγουσιν. Maxime souvent invoquée par Platon et par les anciens philosophes. Elle se rencontre déjà dans Homère (*Odyssée*, XXII, 218) : les Latins l'ont rendue par *simile simili gaudet*.

Καὶ τούτῳ... γενέσθαι. Malgré la traduction de Grou, les lignes qui suivent prouvent que τούτῳ se rapporte au tyran, tandis que δύναιτο a pour sujet l'homme de bien.

D. — Οὐδεὶς χαίρων ἀδικήσει, « personne ne lui nuira impunément. »

E. — Ἐπὶ τῷ οἵῳ τε εἶναι... καὶ ἀδικοῦντα... Nous retrouvons ici le datif et l'accusatif juxtaposés dans la même construction comme au chap. XLVI, 492 B.

511 A. — Ἑκάστοτε, « chaque fois, c'est-à-dire, constamment. »

B. — Ὀλίγου, sous-entendu δεῖν, « tous, peu s'en faut. »

CHAPITRE LXVII. 511 C. — Εἰς τοιοῦτον, « dans une situation telle. »

D. — Προσεσταλμένη, « modeste », métaphore tirée des vêtements ajustés au corps, par opposition aux robes amples et flottantes.

Οὐ σεμνύνεται ἐσχηματισμένη. « Il ne s'en fait pas accroire, il ne se pavane pas ».

Ἐὰν πάμπολυ ταύτης τῆς μ. εὐεργ., sous-entendu πράξηται, « le plus qu'elle prenne pour un si grand bienfait. » — Ἐπράξατο, aoriste d'habitude. — Cette phrase contient sur un point particulier de l'économie sociale chez les Grecs des renseignements précieux, comme nous aimerions à en rencontrer souvent chez les auteurs de l'antiquité. Deux oboles représentent de trente à quarante centimes; deux drachmes, de deux à trois francs. C'est donc bien à tort qu'on se représenterait dans le monde ancien les voyages comme particulièrement coûteux, surtout dès qu'on pouvait emprunter la voie de mer.

512 A. — Λογίζεται οὖν, ὅτι οὐκ... Cette dernière négation porte, dans la seconde partie de la phrase, sur τούτῳ βιωτέον καὶ τοῦτον ὀνήσειν. Pour mieux faire ressortir sa pensée, Platon place immédiatement cette comparaison contenue dans une sorte d'épenthèse, εἰ μέν τις... ὠφέληται.

B. — Κακῶς γὰρ ἀνάγκη ἐστὶ ζῆν. Dans la *République*, Platon tire de cette maxime une justification assez inattendue de la peine de mort.

CHAPITRE LXVIII. 512 B. — Οὐ νόμος ἐστί, « ce n'est pas l'usage ». C'est dans ce sens qu'Hérodote (III, 38) rappelle et loue un mot célèbre de Pindare : Νόμος πάντων βασιλεύς.

Τὸν μηχανοποιόν. « le constructeur de machines de guerre ». L'antiquité possédait déjà des traités spéciaux sur la *Poliorcétique*.

Μὴ ὅτι. Comme en latin *nedum*.

Μή σοι δοκεῖ... εἶναι; « n'est-il pas l'image de l'avocat ? » C'est ainsi que le grec dit κατ' εἰκόνα.

Καταχώσειεν ἂν ὑμᾶς τοῖς λόγοις, expression remarquable : « il vous étourdirait de ses discours ».

C. — Ἐξ ὧν τὰ σαύτου ἐπαινεῖς, « à prendre les raisons pour lesquelles tu vantes ton art. »

D. — Ὁποῖός τις ἔτυχε, « quel qu'on soit d'ailleurs ».

Μὴ ἄλλο τι... τοῦ σώζειν, « autre chose que d'assurer le salut ».

Μὴ γὰρ τοῦτο μὲν... La tournure de la phrase précédente se continue et il n'est pas nécessaire de corriger μὴ γὰρ en καὶ γάρ, à l'exemple de Buttmann et de Sommer. — Sur l'accusatif de la personne après une forme verbale en τέον, voir la note 1 du chap. LXIII.

E. — Ταῖς γυναιξίν. On voit quel sentiment inspirait à Platon le dogme de la fatalité, entendu à la façon musulmane (Cf. Cic., *de nat. deorum*, I, 20). — Olympiodore fait à ce propos la remarque qu'après tout le destin lui-même relève de la Providence, ἐκ τῆς προνοίας ἤρτηται.

513 A. — Τὰς τὴν σελήνην καθαιρούσας. Cf. Virgile, *Eglogue* VIII, 69 :

Carmina vel cœlo possunt deducere lunam.

La croyance populaire voulait que ces sorcières fussent cruellement punies chaque fois qu'elles usaient de ces redoutables enchantements. — Une pièce de Ménandre était intitulée : *La Thessalienne* (Pline, XXX, 2).

Σὺν τοῖς φιλτάτοις, « au prix de ce qui nous est le plus cher ».

B. — Τῷ Πυριλάμπους γε πρός. Sous-entendu Δήμῳ, comme au chapitre XXXVII. — Πρός, comme s'il y avait πρὸς τούτῳ, « en outre ».

C. — Τῷ αὐτῶν ἤθει, comme nous dirions, « dans leur goût ».

CHAPITRE LXIX. 513 E. — Ἆρ' οὖν... ἡμῖν... ποιοῦντας; même irrégularité apparente que plus haut, 492 B et 512 D. — Devant θεραπεύειν il faut sous-entendre un mot tel que ὥστε. — Le chap. XXX du 1er *Alcibiade* contient un éloquent commentaire de cette maxime de Socrate.

514 A. — Τῶν πολιτικῶν πραγμάτων, génitif partitif, « parmi les entreprises publiques. »

C. — Ἰδίᾳ ἐφ' ἡμῶν. Vömel et Hermann proposent avec raison de lire plus simplement : δι' ἡμῶν, « par nous-mêmes. »

Οὕτω μὲν διακειμένων, « si les choses sont réellement ainsi ».

CHAPITRE LXX. 514 D. — Δημοσιεύειν. C'est le terme consacré en parlant des médecins attachés à telle ou telle cité.

E. — Πρὶν ἰδιωτεύοντας... ποιῆσαι, « avant d'avoir fait en particulier plusieurs coups d'essai tant bien que mal »; il faut sous-entendre ποιήσαντες, après ἐτύχομεν.

Ἐν τῷ πίθῳ... μανθάνειν. « Proverbe qu'on appliquait à ceux qui sans vouloir étudier les éléments d'une science ou d'un art, entreprenaient d'exécuter immédiatement les ouvrages les plus difficiles, comme est le tonneau pour le potier. » (Thurot.)

CHAPITRE LXXI. 515 C. — Ὀλίγῳ πρότερον. V. chap. LVIII.

E. Τί οὖν δή; sous-entendu διαφέρει.

Περικλέα... καταστήσαντα. C'est un reproche tout semblable qu'adresse Eschyle à Euripide dans les *Grenouilles* d'Aristophane (v. 1013). Il est certain qu'un profond changement s'était opéré dans les mœurs d'Athènes entre la fin des guerres médiques et les premières années du quatrième siècle. Mais faut-il en rendre responsables les hommes d'État les plus illustres de cette période, et notamment ce Périclès qu'un juge sévère, Thucydide, nous montre sans cesse préoccupé de tourner le peuple vers le grand, le beau et le bien ? Sans doute Plutarque lui-même (*Périclès*, 9) s'est fait l'écho de certains griefs contre la politique suivie par le célèbre orateur : mais en ne s'attachant qu'aux ombres du tableau, Platon ou s'est inspiré d'un ressentiment amer contre la démocratie athénienne, ou a cédé à un accès de stoïcisme étroit et chagrin. — Cf. *Ménon*, 94 B et Cic. *de Rep.*, I.

Μισθοφορίαν. La plupart des traducteurs, à la suite d'Ulpien, entendent ce mot de la solde militaire. Mais il s'applique aussi bien à toutes les rétributions par lesquelles Périclès se flattait d'affermir sa popularité. De ce nombre était le μισθὸς δικαστικός, ou salaire des jurés, et le μισθὸς ἐκκλησιαστικός, ou indemnité pour assistance à l'assemblée.

Τῶν τὰ ὦτα κατεαγότων. Platon désigne ici, comme nous en avons la preuve dans un passage plus explicite du *Protagoras* (342 B), ceux des Athéniens qui affectaient d'imiter le costume et la démarche des Lacédémoniens. Ils étaient désignés alors sous le nom de λακωνίζοντες, ou, comme s'exprime Aristote, de λακωνομανοῦντες. — La réponse de Calliclès ne manque pas d'une certaine ironie, car Socrate et son entourage passaient pour faire volontiers l'éloge de Sparte.

516 A. — Κλοπήν. Plusieurs fois accusé de détournement des deniers publics, Périclès a trouvé dans l'antiquité de véritables apologistes. Il est difficile cependant d'admettre que des bruits recueillis par Platon lui-même ne soient que de vulgaires calomnies.

CHAPITRE LXXII. 516 A. — Ὄνων γοῦν. La même comparaison se retrouve dans les *Mémoires sur Socrate* (1, 2, 32).

Ἀπέδειξε. On rencontre assez fréquemment le verbe ἀποδείκνυμι employé ainsi devant un attribut comme synonyme de ποιεῖν.

C. — Ὡς ἔφη Ὅμηρος. Encore une de ces citations qui reproduisent la pensée, sans souci de l'expression (Cf. *Odyssée*, VI, 120).

Ὂν ἥκιστ' ἂν ἐβούλετο. La préposition εἰς est sous-entendue devant le pronom relatif.

D. — Ἐξωστράκισαν. Ce bannissement de Cimon ne dura que cinq ans.

Μιλτιάδην. Platon est avec le rhéteur Aristide le seul auteur qui fasse allusion au péril qu'aurait couru Miltiade, sans l'intervention du prytane épistate (εἰ μὴ διὰ τὸν πρύτανιν) chargé de mettre aux voix sa condamnation.

E. — Οὔκουν... « Il n'est pas naturel que... »

517 A. — Ἐξ ἴσου τοῖς νῦν, « dans les mêmes conditions que ceux d'aujourd'hui ».

CHAPITRE LXXIII. 517 A. — Πολλοῦ δεῖ, μή τις... ἐργάσηται.

Construction anormale et qui mérite à ce titre d'être signalée.

B. — Διακόνους. Olympiodore, pour défendre Platon contre les reproches du rhéteur Aristide, fait observer que les grands hommes d'Athènes sont traités dans ce dialogue de serviteurs (διάκονοι) du peuple, non de flatteurs (κόλακες).

Ἀλλὰ γὰρ μεταβιβάζειν... διέφερον ἐκεῖνοι. « Pour ce qui est de lui inspirer d'autres désirs... c'est en quoi il n'y a entre eux aucune différence. » — Il est rare de rencontrer ainsi διαφέρειν construit avec le simple infinitif.

D. — Ἡ μὲν ἑτέρα διακονική ἐστιν. Plusieurs textes (Aristophane, *Grenouilles*, 112 et suiv. : — Athénée, XV, 700 : — Lucien, *Hermotime*, 58) nous montrent qu'il existait dans le monde ancien des auberges (πανδοκεῖον, καταγώγιον). La plupart ne fournissaient au voyageur qu'un abri, comme les caravansérails actuels en Orient.

518 A. — Διὸ δὴ καὶ ταύτας... εἶναι. La phrase commencée par une proposition complète ὅτι ἔστι τις κ. τ. λ., se continue par une proposition infinitive.

Ταὐτὰ οὖν... ὅτι λέγω. « Que les mêmes choses se passent (ἐστι) à l'égard de l'âme, il me paraît quelquefois que tu comprends (μανθάνειν) que telle est ma pensée. »

CHAPITRE LXXIV. — Platon donne ici une mémorable leçon à ces politiques qui croient avoir tout fait, quand ils ont largement pourvu aux intérêts matériels de la nation, tandis qu'ils oublient de travailler à son progrès moral. En flattant la vanité de la multitude, ils l'abusent sur sa force réelle et lui préparent pour les jours d'épreuve de cruelles désillusions.

519 A. — Ἀλκιβιάδου. Cette prophétie que Socrate hasarde relativement à Alcibiade ne se comprend qu'autant que la scène se passe avant l'expédition de Sicile, date de la première et de la plus éclatante disgrâce de ce jeune ambitieux.

B. — Ἀγανακτούντων (s.-ent. τινῶν) dépend de αἰσθάνομαι.

C. — Προστάτης... προστατεῖ. De nombreux exemples tant dans l'histoire moderne que dans l'histoire ancienne attestent que cette maxime de Platon est sinon tout à fait fausse, du moins étrangement exagérée.

Ταὐτὸν εἶναι. Sous-entendu τούτοις.

Ἄτοπον... πρᾶγμα. Pour comprendre cette phrase et celle qui suit, il faut se rappeler qu'aux yeux de Platon et de Socrate il est impossible à l'homme de connaître vraiment le bien sans le pratiquer. Il en résulte, dit M. Fouillée, que le maître qui se plaint de son disciple est un faux maître qui ne sait pas le bien et n'a pu le faire savoir aux autres.

Chapitre LXXV. 519 D. — Συχνοὺς τῶν λόγων, expression équivalente à συχνοὺς τοὺς λόγους.

520 A. — Οὐδενὸς ἀξίων. On voit que Calliclès, avant tout un homme d'action, n'a que du dédain pour les élucubrations orgueilleuses des sophistes. Il en est de même d'Anytus dans le *Ménon*.

Ὅταν τύχωσιν, « à la première occasion ».

B. — Ἢ τῷ αὐτῷ λόγῳ. Il faut sous-entendre devant ces mots une locution telle que ἀναγκαῖον εἶναι.

C. — Ἅμα μεταδιδοὺς τοῦ τάχους, « à mesure qu'il lui communiquerait l'agilité. »

D. — Οὐδὲν δεινὸν, μὴ... « il n'est pas à craindre que... » Locution familière à Platon.

Chapitre LXXVI. 520 E. Μὴ φάναι, « refuser », *negare*.

Ἀντ' εὖ ποιεῖν, « faire du bien à son tour ».

521 A. — Δίκαιος εἶ... διατελεῖν. On sait que le grec préfère cette forme personnelle à la tournure ordinaire, δίκαιόν ἐστί σε διατελεῖν.

B. — Εἰ σοι Μυσόν γ' ἥδιον καλεῖν. Thurot substitue à cette phrase peu satisfaisante la correction : Μυσῶν εἶναι λείαν. — Les Mysiens passaient pour un peuple lâche, incapable de repousser et de venger même les plus sanglantes injures. L'expression Μυσῶν λεία avait passé en proverbe (V. Démosthène, *pro Corona*, p. 248). On lit dans le *Théétète*, comme terme de mépris : Μυσῶν ἔσχατος.

Chapitre LXXVII. 521 C. — Οἰκῶν ἐκποδὼν, « éloigné de tout danger ». Οὐκ ἂν εἰσαχθείς, « ne pouvant pas être traîné ».

Cette construction du participe avec ἄν, équivalente à un optatif, mérite d'être remarquée.

Εἰ μὴ οἴομαι... παθεῖν. D'autres textes de Platon (notamment *Ménon*, 94 E) et les leçons de l'histoire nous prouvent que dans l'Athènes du quatrième siècle, la réputation et la liberté des citoyens étaient à la merci de cette race d'hommes détestée, mais puissante, qu'on appelait *sycophantes* en Grèce, et que Rome connaîtra sous le nom de *délateurs*.

D. — Περὶ τούτων τινός. Socrate veut parler de ses biens et de sa vie.

Καὶ οὐδὲν... ἀποθάνοιμι. Autant cette allusion est expressive, si l'on suppose le *Gorgias* composé après la mort de Socrate, autant elle surprend, si avec Ast on se range à la thèse opposée.

E. — Τὰ κομψὰ ταῦτα. Ce sont les propres paroles dont s'était servi Calliclès pour railler la sagesse de Socrate (486 C).

Ὅσπερ πρὸς Πῶλον ἔλεγον. Voyez le chapitre XIX.

Πνίγων, « vous réduisant à un état d'angoisse cruelle » (Thurot).

522 A. — Ἴσως. La *Revue de philologie* (1883, p. 138) contient sur l'emploi de ce mot des remarques très fines d'où je détache ce qui suit : « Ἴσως, qui signifie *également*, s'emploie le plus souvent pour marquer l'espèce d'équilibre de l'esprit que deux opinions contraires se disputent et qui, entre les deux, reste en suspens. La vérité est que les Grecs fuyaient l'exagération des mots avec le même soin que beaucoup de personnes chez nous apportent à la rechercher. C'est même particulièrement dans ce souci d'éviter l'hyperbole, d'atténuer leur pensée plutôt que de la surfaire, que consistait la politesse des Grecs, en cela assez différente de la nôtre. Nous croyons nous montrer courtois en adhérant sans réserve aux idées qu'on nous exprime, en renchérissant même sur les affirmations de notre interlocuteur : et nous ne songeons point qu'il y a une sorte de pédanterie à vouloir sembler plus sûrs de son dire qu'il ne le paraît lui-même. Un Grec bien élevé se piquait plutôt de ne se montrer certain de rien ».

CHAPITRE LXXVIII. 522 C. — Πράττω τὸ ὑμέτερον, « j'agis dans votre intérêt ».

D. Βοήθεια ἑαυτῷ. Il n'est pas rare dans les langues anciennes de voir le nom suivi du même régime que le verbe correspondant. Ainsi en latin : *obtemperatio legibus*.

Μόνος ὑπὸ μόνου. Le mot de « conscience » n'apparaît pas dans cette page du *Gorgias* : mais la sanction que ce témoin intérieur apporte à la loi morale y est hautement affirmée.

Αὐτὸ μὲν γὰρ... ἐστίν. Phrase admirable et dont il est permis de rapprocher cette parole de l'Évangile : « Ne craignez point ceux qui tuent le corps, et ne peuvent rien de plus... Craignez celui qui a le pouvoir de jeter en enfer ».

CHAPITRE LXXIX. **523 A.** — Μῦθον. Sur l'emploi des mythes dans Platon, consulter l'*Appendice* qui suit.

Ὅμηρος. Voir *Iliade*, XV, 187.

B. — Μακάρων νῆσοι. La première mention de ces « Iles fortunées » se trouve dans les *Travaux et les Jours* d'Hésiode.

Δεσμωτήριον. Cf. Virgile, *Énéide*, VI, 554 et suiv.

C. — Παύσω τοῦτο γιγνόμενον. Rapprocher cette construction de la phrase : παύσομαι λέγων, « je cesserai de parler ».

D. — Πρὸ τῆς ψυχῆς... προκεκαλυμμένοι, « au-devant de leur âme s'étendent des yeux, des oreilles et toute la masse du corps », expression hardie, et d'un spiritualisme presque exagéré.

Τοῦτο μὲν οὖν... αὐτῶν. Ce dernier mot est au pluriel quoique se rapportant à τοῦτο. — Cf. Eschyle, *Prométhée*, 256 :

Θνητούς γ' ἔπαυσα μὴ προδέρκεσθαι μόρον.

E. — Ἔρημον καὶ καταλιπόντα. Ces deux mots, au lieu de s'accorder avec ψυχήν qui se trouve à la ligne précédente, se rapportent à celui dont l'âme est jugée.

Ἐκ τῆς Ἀσίας,... ἐκ τῆς Εὐρώπης. On pourrait conclure de ce passage que Platon, rattachant comme plusieurs anciens, l'Afrique ou Libye, soit à l'Asie, soit à l'Europe, ne connaissait que deux parties du monde.

524 A. — Ἐν τῷ λειμῶνι. La « prairie d'Asphodèle » dont parle Homère (*Odyssée*, XI, 539-573) était célèbre dans l'antiquité. L'auteur de l'*Axiochus* l'appelle « le champ de la vérité ».

Ἐν τῇ τριόδῳ. Cf. Virgile, *Enéide*, VI, 540 :

Hic locus est, partes ubi via se findit in ambas,
Dextera, quæ Ditis magni sub mœnia tendit,
Hac iter Elysium nobis : at læva malorum
Exercet pœnas, et ad impia Tartara mittit.

Πρεσβεῖα, « la préséance ». — Ἐπιδιακρίνειν, « juger en dernier ressort. »

Chapitre LXXX. 524 C. — Ἀμφότερα a ici la valeur et le sens d'un adverbe.

D. — Ἑνὶ δὲ λόγῳ. Comme notre locution française « en un mot ».

E. — Ἐπιστήσας, « les ayant placés », sous-entendu, devant lui. La croyance à la vie future et au jugement qui suit la mort était également très puissante en Égypte. « L'âme allégée du corps qui l'aggravait, comparaît seule devant le tribunal où Osiris siège entouré des quarante-deux membres du jury infernal. Sa conscience, ou comme disaient les Égyptiens, son *cœur* parle contre elle : le témoignage de sa vie l'accable ou l'absout, et selon que ses actions sont trouvées lourdes ou légères, le jury infernal prononce sa sentence » (Maspéro, *Histoire ancienne des peuples de l'Orient*).

Οὐλῶν μεστήν. Cette pensée de Platon a été bien souvent reproduite. Qu'il nous suffise de rappeler la phrase célèbre de Tacite (*Annales*, VI, 6) : « Neque frustra præstantissimus sapientiæ firmare solitus est, si recludantur tyrannorum mentes, posse adspici laniatus et ictus : quando, ut corpora verberibus, ita sævitia, libidine, malis consultis, animus dilaceretur ».

525 A. — Εὐθὺ τῆς φρουρᾶς, « droit en prison ».

Chapitre LXXXI. 525 B. — Εἰσὶ δὲ οἱ μὲν κ. τ. λ. Il est remarquable de voir Platon non seulement chercher dans la douleur et la souffrance la seule expiation possible de l'injustice, mais encore se rapprocher si étroitement des croyances chrétiennes relatives au purgatoire et à l'enfer.

C. — Τοῖς ἀεὶ ἀφικνουμένοις, « à ceux qui y abordent continuellement ». — Θεάματα καὶ νουθετήματα. Ces mots font songer à cet admirable passage de l'*Énéide* (VI, 618) :

> Infelix Theseus. . . . . . .
> Admonet, et magna testatur voce per umbras :
> « Discite justitiam moniti, et non temnere divos. »

D. — Τούτων τῶν παραδειγμάτων. Heindorf supprimait ces deux derniers mots comme une glose inutile et embarrassante. — Εἶναι γεγονότας ; cf. 500 C et 520 E.

Ὅμηρος. *Odyssée*, XI, 575 et suiv.

E. — Ἐξῆν αὐτῷ : sous-entendu, de se rendre coupable des plus grands crimes.

526 A. — Ὀλίγοι δὲ γίγνονται οἱ τοιοῦτοι. Passage cité et loué par Plutarque (*Aristide*, 25).

B. — Εἰς τοὺς ἄλλους Ἕλληνας. On s'attendrait plutôt à trouver ἐν Ἕλλησι. Mais la préposition εἰς fait mieux ressortir la diffusion de cette renommée d'Aristide.

Οἱ δὲ πολλοί... δυναστῶν. Cf. Tacite, *Histoires*, I, 15 : « Secundæ res acrioribus stimulis animos explorant : quia miseriæ tolerantur, felicitate corrumpimur ».

CHAPITRE LXXXII. 526 B. — Ἐπισημηνάμενος. C'est ainsi que dans la *République* (X, 614 C), Platon nous représente les juges des Enfers attachant à chacun de leurs justiciables le libellé de leur sentence.

C. — Οὐ πολυπραγμονήσαντος, « qui a vécu en dehors de toute intrigue ».

Ῥάβδον ἔχων. Le ῥάβδος était un des insignes des juges athéniens dans l'exercice de leurs fonctions. — Heindorf a vu une véritable superfétation dans les trois lignes suivantes, consacrées à Minos. Mais Stallbaum les a défendues, et par des arguments qui méritent l'attention.

E. — Τὸν ἀγῶνα τοῦτον. Cf. *Rép.* X, 608 B : Μέγας ὁ ἀγών,

ὦ φίλε Γλαύκων, μέγας, οὐχ ὅσος δοκεῖ, τὸ χρηστὸν ἢ κακὸν γενέσθαι.

— A propos de la locution ἀντὶ πάντων ἀγώνων, qu'on lit à la ligne suivante, Thurot rappelle le vers d'Homère (*Iliade*, IX, 116) :

. . . . . Ἀντί νυ πολλῶν
Λαῶν ἐστιν ἀνὴρ ὅν τε Ζεὺς κῆρι φιλήσῃ.

Ὀνειδίζω σοι. L'expression peut choquer, mais c'est celle dont se sert également Socrate dans l'*Apologie*, en parlant de sa façon de gourmander ses concitoyens.

527 A. — Χασμήσει καὶ ἰλιγγιάσεις. Ce sont les termes mêmes employés par Calliclès s'adressant à Socrate (486 A).

Τυπτήσει. Futur désigné quelquefois sous le nom de futur attique.

B. — Ἐκεῖσε, « pour l'autre vie », comme en allemand *jenseits*.

Ἠρεμεῖ ὁ λόγος. Olympiodore : ἀντὶ τοῦ ἀσάλευτος μένει ὑπὸ μηδενὸς ἐλεγχόμενος.

Οὐ τὸ δοκεῖν εἶναι ἀγαθόν, ἀλλὰ τὸ εἶναι. On sait qu'en entendant au théâtre ce vers des *Sept contre Thèbes* (v. 598) :

Οὐ γὰρ δοκεῖν ἄριστος, ἀλλ' εἶναι θέλει,

tout le peuple d'Athènes se leva pour acclamer d'enthousiasme le juste et intègre Aristide.

C. — Ἐπὶ τὸ δίκαιον sert de commentaire à οὕτω qui précède.

CHAPITRE LXXXIII. 527 C. — Ὁ σὸς λόγος. Bien que cette leçon soit celle de presque tous les manuscrits, certains éditeurs ont supprimé σός ou l'ont changé en σοφός.

D. — Πατάξαι. C'est non l'infinitif actif, mais l'impératif moyen : « laisse-toi frapper ».

Βελτίους βουλεύεσθαι, « dans de meilleures dispositions pour délibérer ».

Νεανιεύεσθαι, « faire les fiers ».

E. — Καὶ τὴν δικαιοσύνην... τεθνάναι. En face d'une religion aussi peu morale que l'était le polythéisme, cette phrase, résumé du *Gorgias* et pour ainsi dire de toute la morale platonicienne, nous paraît vraiment digne d'admiration.

APPENDICE

I. — LES MYTHES DE PLATON

C'est une histoire assez curieuse que celle du mot grec μῦθος. Dans Homère, il se dit d'une parole, d'une assertion quelconque[1] ; chez les tragiques, il devient synonyme de narration[2] ; enfin les philosophes, et Platon notamment, le font servir à désigner certains récits, certaines légendes qui affectent un tour plus ou moins mystérieux.

Dans tout mythe il y a une donnée initiale empruntée tantôt à la réalité, tantôt aux conceptions de l'esprit, puis l'imagination s'en empare et y ajoute mille accessoires poétiques qu'elle varie dans la suite à l'infini. Si les documents ne nous faisaient pas défaut sur ces époques lointaines, nous pourrions suivre le développement du mythe même le plus complexe avec autant de précision que celui d'une épopée. Sous la forme où nous les connaissons, les mythes sont le résultat d'une synthèse dont il est souvent malaisé d'analyser un à un tous les éléments.

Quelle en fut l'origine? L'esprit de système a donné à cette question trop de réponses différentes pour qu'il soit possible ici de les énumérer toutes, moins encore de les discuter. Un

1. Voir, par exemple, *Iliade*, I, 25 et 33; *Odyssée*, I, 28.
2. Ainsi dans Eschyle, *Perses*, 713; *Choéphores*, 106.

mot nous suffira. Placé en face des phénomènes séduisants ou redoutables de la nature, l'homme n'a jamais résisté au désir d'en posséder l'explication. A ses yeux ils semblaient porter la marque d'un dessein préconçu ; et d'un autre côté l'intelligence, encore incapable d'abstraction, donnait à toutes ses pensées une forme concrète et vivante[1]. L'antiquité, a dit Vico, est toute poésie.

Il n'en fallait pas davantage pour que tout prît un corps, une âme, un esprit, un visage. L'humanité avec sa nature physique et morale se retrouve dans les animaux mis en scène par Ésope comme dans les dieux chantés par Homère. Rendues ainsi dans un langage expressif et coloré, les choses les plus simples acquéraient un éclat, une animation extraordinaire.

Si nous considérons la mythologie grecque dans son ensemble, non dans telle ou telle application particulière, il sera vrai de dire avec Grote que c'est une œuvre d'imagination et de sentiment, à laquelle l'histoire et la philosophie sont également étrangères, et avec M. Bréal qu'elle n'est pas l'expression d'une antique sagesse qui y aurait enveloppé des idées trop hardies pour être exposées à découvert ou de trop grand prix pour sortir de l'enseignement des sanctuaires.

Mais pourquoi interdire aux notions philosophiques et religieuses de recourir à ce vêtement poétique qui devait les rendre populaires ? La foi d'un Grec primitif est facile, et, si l'on peut ainsi parler, littérale : elle ne distingue pas encore entre les recherches de la science et les jeux de l'imagination : il suffit que l'explication donnée soit intrinsèquement plausible et que rien ne provoque le doute : le poète, seul dépositaire des connaissances acquises, passe pour une autorité inspirée. Reçus avec empressement et transmis avec docilité, ces mythes

---

1. « Die griechische Mythologie ist eine Bildersprache in welcher die Ergebnisse einer Weltanschauung niedergelegt sind, welche sich ausschliesslich mit den Erscheinungen des natürlichen und sittlichen Daseins beschäftigt und jedes Forschen nach den inneren Gründen der Dinge fern zu halten gewusst hat. » (Braun.) — Quand Nous introduisons l'idée de *forces* dans les sciences de la nature ne nous rendons-nous pas coupables à notre insu d'un anthropomorphisme plus rationnel, mais non moins réel que celui des anciens?

pendant des siècles ont occupé exclusivement l'esprit hellénique, qui leur a donné, comme aux statues de ses dieux, une forme de plus en plus artistique et harmonieuse. Ils ne cessèrent pas d'être l'aliment de la pensée nationale, même après que l'histoire eut remplacé la légende, même après que la philosophie eut détruit chez quelques-uns et ébranlé chez tous l'autorité doctrinale du polythéisme. Sans doute, comme on l'a dit très justement, l'aurore de la critique marque le crépuscule des mythes [1], et la nouvelle sagesse qu'enseignaient les Thalès, les Xénophane, les Anaxagore devait inévitablement se montrer hostile à la vieille mythologie. La raison devenue capable de réfléchir sur elle-même et sur le monde ne pouvait s'en contenter. La poésie et la philosophie, qui à l'origine de toutes les civilisations se confondent, se séparèrent dès lors, pour ne plus se rencontrer qu'à de longs intervalles.

Mais ce n'était pas en vain que durant tant de siècles l'esprit grec avec une fécondité vraiment inépuisable, avait enfanté les créations les plus gracieuses ou les plus touchantes dont l'histoire des peuples païens ait gardé le souvenir [2]. Dès leur jeune âge, même au temps de Périclès, les hommes les plus cultivés puisaient dans la lecture et dans l'étude des poètes une admiration instinctive et inconsciente pour ces fictions auxquelles peintres et sculpteurs prêtaient le prestige de leur talent, et le culte public celui de ses pompes extérieures. Après l'épopée, le drame, alors en possession de la faveur populaire, emprunta non seulement ses sujets [3], mais sa perfection aux antiques légendes et Athènes applaudissait aux créations tragiques d'Eschyle avec le même enthousiasme qu'aux patriotiques récits d'Hérodote [4]. Dans un ordre d'idées plus voisin

---

1. « Der Mythe gehört zur Pädagogie des Menschengeschlechts. Ist der Begriff erwachsen, so bedarf er desselben nicht mehr. » (Hegel.) On sait avec quel dédain, dans sa préface, Thucydide parle de ces vieilles traditions, ὑπὸ χρόνου ἀπίστως ἐπὶ τὸ μυθῶδες ἐκνενικηκότα.

2. Rien de mieux justifié que l'expression μυθοτόκος Ἑλλάς, « la Grèce mère des mythes ».

3. C'est en ce sens qu'Aristote a écrit dans sa *Poétique* : Ἀρχὴ μὲν οὖν καὶ οἷον ψυχὴ ὁ μῦθος τῆς τραγῳδίας.

4. Il n'est pas jusqu'aux fictions audacieuses d'Aristophane qui

de la philosophie, les mystères, et particulièrement ceux d'Eleusis, si vénérés à Athènes, devaient leur principal attrait aux commentaires et aux cérémonies allégoriques qu'ils renfermaient. On ne peut que hasarder des conjectures sur l'enseignement donné aux initiés; ce qui est certain, c'est qu'on y parlait beaucoup de la vie à venir, représentée à travers un voile plus ou moins transparent d'énigmes et d'images, sous les couleurs les plus consolantes. Quelle tentation pour une âme religieuse comme celle de Platon, de s'emparer de cette source d'émotions au nom même et pour le plus grand profit de la philosophie !

Ce n'est pas que personne ne l'eût devancé dans cette voie. « Tout d'abord, dit M. Hild, les philosophes de profession empruntèrent à la poésie non seulement son langage et ses procédés de composition, mais jusqu'au problème à résoudre, jusqu'à la réponse au problème. » Au fond de ces vieux mythes ils avaient reconnu ou cru reconnaître une vague intuition métaphysique [1]. Il leur suffisait de prendre au compte de la raison ce que l'imagination avait depuis longtemps entrevu et décrit. Même remarque en ce qui concerne la forme : au lieu de se servir simplement du langage ordinaire, dit Pausanias [2], les sages de la Grèce parlaient autrefois par énigmes. Pourquoi en effet la sagesse n'eût-elle pas fait pacte avec la fable pour se mieux répandre? Ce n'est pas la Grèce du sixième et du cinquième siècle, si passionnée pour le merveilleux, qui eût protesté contre ces deux vers de notre La Fontaine :

> Une morale nue apporte de l'ennui :
> Le conte fait passer la morale avec lui.

Les auteurs des premiers poèmes orphiques avaient étroitement associé d'anciens mythes à leurs bizarres théories sur

---

ne nous attestent l'habileté de l'art grec à créer des symboles visibles et palpables pour traduire des conceptions purement intellectuelles ou morales.

1. Ainsi, Homère et les poètes avaient proclamé l'Océan « le père de toutes choses » : Thalès fera de l'eau la substance primordiale et universelle.

2. VIII, 8 : Αἱ αἰνιγμάτων πάλαι καὶ οὐκ ἐκ τοῦ εὐθέος.

l'origine des êtres, et le poème où Parménide expose les formidables abstractions de son système s'ouvre par une imposante et poétique allégorie. Amoureux de symboles, les Pythagoriciens eurent recours aux mythes ; du moins c'est le nom qu'emploie Aristote pour désigner certaines parties, moitié philosophiques, moitié religieuses de leur doctrine[1]. Anaxagore et son école imaginèrent une interprétation plus ou moins subtile de la mythologie homérique, sans se demander s'il n'y avait pas un flagrant anachronisme à supposer la Grèce héroïque en possession de toute une savante explication du monde. Pendant ce temps, de Pindare à Euripide, les poètes s'attachaient à dégager des légendes antiques les leçons morales et religieuses qu'y avait déposées une imagination inconsciente[2], et les sophistes eux-mêmes, comprenant tout ce que de pareilles fictions offraient de charme, mêlaient à leurs élucubrations oratoires des morceaux semblables à l'apologue d'Hercule entre le Vice et la Vertu.

Socrate, si simple dans ses entretiens, si ennemi de toute érudition stérile, si réservé dans toutes les questions qui touchaient à la foi populaire, paraît avoir enveloppé dans le même dédain et les mythes et leurs trop ingénieux interprètes. C'est du moins ce qui ressort des paroles que le *Phèdre* lui prête au sujet de l'enlèvement d'Orithye par Borée : « Si j'en doutais, comme les sages, je ne serais pas embarrassé : je pourrais en l'expliquant étaler les ressources de mon esprit... Pour moi, mon cher Phèdre, je trouve ces suppositions les plus agréables du monde : mais elles demandent un homme bien habile et qui n'épargne pas sa peine, et encore se trouve-t-il réduit à une fâcheuse nécessité : car il devra après cela

---

1. Cf. *de anima*, I, 3 : Ὥσπερ ἐνδεχόμενον κατὰ τοὺς Πυθαγορικοὺς μύθους τὴν τυχοῦσαν ψυχὴν εἰς τὸ τυχὸν ἐνδύεσθαι σῶμα, et dans notre dialogue (ch. XLVII) : Τίς μυθολογῶν ἀνήρ, ἴσως Σικελός τις ἢ Ἰταλικός.

2. « Exoriebantur e commotiore animo atque admiratione mythi. ætati gentium primæ et credulæ insiti, quum res tam naturales quam gestas religioso sensu ad numen divinum referrent vique poetica earum quasi imagines exornarent... At procedente ætate religiosum desiderium mythos non tam narrandos quam explicandos concupiscens, mutandis formis indulsisse facile est quod credas. » (Stallbaum).

rendre compte de je ne sais combien de monstres et de prodiges... Si notre incrédule met en œuvre sa sagesse vulgaire pour ramener chacun de ces récits à des proportions vraisemblables, il lui faudra beaucoup de loisir. Quant à moi, je n'ai pas de temps pour ces recherches et je vais t'en dire la raison. Je n'ai pu encore accomplir le précepte de Delphes, en me connaissant moi-même : et dans cette ignorance, il me paraîtrait plaisant de chercher à connaître ce qui m'est étranger[1]. » De là vient sans doute l'absence de toute digression de ce genre dans les dialogues communément appelés « socratiques », où Platon se borne à reproduire en la développant la pensée du maître.

Il était réservé à Platon, en pleine possession de son système philosophique, d'unir étroitement ce que son temps tendait de plus en plus à séparer, le raisonnement et la croyance et de faire du mythe, non pas un *purpureus pannus* comme l'entend Horace, c'est-à-dire un simple ornement accessoire ajouté comme en passant par une main habile, mais une pierre essentielle de son édifice[2]. Ce langage symbolique, employé par ses devanciers d'une façon plus ou moins inconsciente[3], il s'en sert avec intention pour l'explication et la démonstration de la vérité[4], et cela dans tous les sujets à peu près indifféremment et non pas seulement, comme on l'a prétendu, dans les parties obscures de la psychologie et de la cosmologie.

D'où vient cette prédilection qui au premier abord ne laisse pas de surprendre ?

---

1. *Phèdre*, 229 C.-230 A.
2. N'allons pas cependant jusqu'à croire avec Ast que la philosophie de Platon doit être cherchée *avant tout* dans ses mythes, à l'exemple de ce qui se pratiquait en Orient.
3. L'idée d'un sens intérieur et d'un dessein caché chez les anciens poètes apparaît plusieurs fois dans les écrits de Platon (ainsi *Protagoras*, 316, *Théétète*, 180). C'est ce qui faisait dire à Lobeck, adversaire résolu de cette façon d'expliquer l'hellénisme : « Platonicus, id est pessimus antiquitatis interpres. »
4. De là ces définitions du mythe par Plutarque : Ὁ μῦθος εἶναι βούλεται λόγος ψευδὴς ἐοικὼς ἀληθινῷ, et par Olympiodore : Ὁ μῦθος οὐδὲν ἕτερόν ἐστιν ἢ λόγος ψευδὴς εἰκονίζων ἀλήθειαν.

C'était, n'en doutons pas, une satisfaction donnée aux aspirations religieuses de son âme, toute ouverte à l'impression du divin et du surnaturel et jalouse de recueillir comme autant de restes d'une révélation supérieure ces traditions où elle découvrait un puissant moyen d'enseignement moral et même de salut[1]. Les temps reculés auxquels elles remontaient les protégeaient contre plus d'une question indiscrète et leur donnaient aux yeux du plus grand nombre une sorte de consécration[2] : or celui que Bossuet a appelé si justement « curieux observateur des antiquités », a pu être comparé à un Janus dont les regards plongent dans les obscurités mythiques du passé en même temps qu'ils découvrent au loin l'avenir. Quoi de plus conforme au but des philosophes socratiques que d'établir l'accord des dogmes religieux avec les données de la conscience sur les problèmes fondamentaux de la morale ?

A un autre point de vue pourquoi le philosophe se verrait-il interdire un procédé pris dans la nature, où l'invisible se conclut du visible, où ce qui frappe nos sens doit nous élever à ce que nos sens ne peuvent atteindre ? Comme le fait très bien remarquer Olympiodore commentant les derniers chapitres de notre dialogue : « Si nous étions une pure intelligence sans imagination, l'esprit uniquement occupé des choses intelligibles n'aurait pas besoin de mythes. Si au contraire nous étions tout à fait privés d'intelligence, si nous n'avions d'autre faculté que l'imagination, le mythe suffirait à tout : mais nous avons en nous intelligence, opinion et imagination. Voulez-vous vous conduire d'après l'intelligence ? vous avez la voie de la démonstration. D'après l'opinion ? vous avez celle du témoignage.

---

1. Cf. *République*, X, 621 B : « Cette fable, mon cher Glaucon, s'est conservée jusqu'à nous, et si nous y ajoutons foi, elle est très propre à nous sauver nous-mêmes. » Cf. 614 B. Que nous sommes loin du dédain sceptique d'Euripide (*Hippolyte*, 198) : Μύθοις ἄλλως φερόμεσθα. Cependant il faut reconnaître que les mythes de Platon ne se présentent pas à nous avec le même caractère mystérieux et sacré que les symboles de Pythagore.

2. Le respect, et si je puis ainsi parler, le goût de l'antiquité a toujours été chez les Grecs une des tendances nationales les plus persistantes et les plus répandues.

Par l'imagination ? vous avez les mythes. » Or, convaincu comme il l'était de l'harmonie intime de toutes les puissances de l'âme, Platon entendait mettre au service de la vérité les forces réunies de la raison et du cœur, et s'accommoder à la diversité des esprits par la diversité des enseignements dans l'unité de la doctrine. Plus les vérités qu'il apportait lui paraissaient liées à la félicité publique, plus il lui importait de leur prêter les ornements, le tour et le langage dont les oreilles de ses concitoyens étaient demeurées avides.

Enfin, en fait d'images aucun génie ne s'est montré plus créateur. C'est que Platon est né poète, et s'il condamne avec sévérité la mythologie et ses inventions licencieuses, s'il va jusqu'à chasser Homère de sa cité idéale [1], il se hâte de montrer à quel prix l'alliance de la poésie non seulement ne doit pas être rejetée, mais peut être recherchée par la philosophie [2]. Ces récits, ces tableaux, attirent le lecteur vulgaire par le charme incomparable de la forme, et captivent le lecteur réfléchi par l'attrait de la doctrine qui s'y cache. Il y a là comme une revanche spirituelle de la muse contre celui qui exilait ses prêtres. La fiction vient en quelque sorte reposer l'esprit trop longtemps tendu et après lui avoir rendu toute sa vigueur, le laisse à la poursuite de la vérité qui fuit devant lui. — « Veux-tu, dit Protagoras à Socrate, que comme un vieillard qui parle

---

1. Grote dit à ce propos : « In this treatment of the myths of Homer there is not greater disloyalty to the genius and religion of his country, than there is a shallow estimate of the language of piety in all ages ». Platon pourrait répondre que longtemps avant lui, et dès ses premières spéculations, la philosophie n'avait pas reculé devant ce que le critique anglais appelle « un parricide » : dès le temps de Xénophane, nous la voyons « flétrir les délicates beautés de l'art et porter sur les productions de l'imagination esthétique une main brutale qui les fait évanouir ». On peut même remarquer que Platon s'est attaché de préférence à développer des mythes égyptiens et orientaux, comme s'il eût refusé d'emprunter à la mythologie hellénique ses conceptions même les plus ingénieuses, la fable charmante de Psyché, par exemple.

2. On trouve dans le commentaire d'Olympiodore une distinction plus subtile que réelle entre ce qu'il appelle « le mythe poétique » et « le mythe philosophique », qui admet assez volontiers des démonstrations analogues aux affabulations des fables d'Esope.

à des jeunes gens, je donne à ma démonstration le tour d'une fable, ou que je te fasse un discours raisonné? — A ces mots la plupart de ceux qui l'entouraient lui ont crié qu'il était le maître et qu'on lui en laissait le choix. — Puisqu'il en est ainsi, reprend le sophiste, je crois que la fable sera plus agréable[1]. » Ce n'est pas sur ce point que Platon l'eût contredit.

Ce qui précède nous donne la clef du rôle et de l'importance des mythes dans la philosophie platonicienne. Ce n'est point le caprice d'une pensée juvénile qui échappe à l'empire de la raison : depuis le *Phèdre* jusqu'aux *Lois*, c'est-à-dire aussi longtemps qu'il a enseigné et écrit, Platon n'a pas varié dans sa méthode. Ce n'est pas davantage un aveu d'impuissance : ses fictions les plus brillantes se rencontrent précisément dans ses dialogues les plus profonds et les plus achevés.

Est-ce à dire que Platon se soit fait illusion au point de mettre sur la même ligne les conclusions de ses mythes et les résultats conquis par la voie lente mais sûre de la dialectique? Non sans doute : et comme pour prouver à la fois les progrès et la supériorité de la philosophie en plus d'un passage, la distance qui sépare le μῦθος du λόγος est nettement marquée[2]. Si Platon admet que « dans la poésie, l'ignorance où nous sommes au sujet des faits anciens autorise à recourir au mensonge, que nous rendons utile en lui donnant les couleurs les plus approchantes de la vérité[3] », il répète bien haut que « Dieu et tout ce qui est divin est essentiellement ennemi de toute fausseté : personne ne veut être trompé ni avoir été trompé dans son âme touchant la nature des choses, logeant ainsi le mensonge dans la partie la plus noble de lui-même, et par rapport à des questions de la plus haute importance. » Aussi, selon la remarque d'Olympiodore, bien que le mythe, fidèle à sa nature, divise parfois ce qui est inséparable et suppose des degrés et des époques différentes dans l'établissement d'un ordre aussi im-

---

1. *Protagoras*, 320 C : Δοκεῖ χαριέστερον εἶναι μῦθον λέγειν.
2. Par exemple, *Gorgias*, 523 A, et *Philèbe*, 14 A. Dans le *Critias* et le *Timée* ces deux mots deviennent presque synonymes.
3. *République*, II, 382 D. — Cf. 378 D.

muable que la divinité elle-même, le voile qui y couvre la vérité ne doit jamais nous la dérober entièrement, moins encore la défigurer à nos yeux par quelque transformation déshonorante [1].

Mais ce péril résolument conjuré, Platon se joue avec un art merveilleux dans le nouveau domaine qu'il ouvre à la philosophie. Ici il égaie son exposition par un récit plein d'esprit et de grâce : là, comme dans la fable des Atlantes, il donne à ses théories une personnification transparente qui les grave à jamais dans l'esprit : telle la statue qui traduit au dehors la forme idéale rêvée par l'artiste. Le mythe lui sert parfois de point de départ : ailleurs « il y ramène la discussion comme dans un port, afin que l'esprit se repose dans la contemplation et la lumière [2]. » Tantôt il emprunte ces figures symboliques à la tradition religieuse, et c'est une remarque de Cousin que la philosophie platonicienne, si noble et si élevée, s'incline avec empressement, toutes les fois qu'elle le peut sans déchoir, vers les opinions et les croyances de la foule : tantôt il les crée ou du moins les transforme avec ce don prodigieux d'idéalisation qui est un des traits saillants de son génie. Dans le *Phédon* et la *République*, Platon a voulu donner à sa démonstration l'arrière-plan de dogmes moraux et religieux qui ferment, si l'on peut ainsi parler, l'horizon de la pensée : dans le *Timée* au contraire, le mythe, semblable à la statue voilée du temple de Saïs, n'est que l'interprétation matérielle d'un mystère. En face de ce que notre philosophie contemporaine appelle elle-même « l'inconnaissable », il ne reste à la raison livrée à ses seules forces d'autre recours qu'à l'imagination et à la poésie [3]. Platon ne s'est jamais flatté, comme

---

1. C'est ainsi qu'on lit en tête du mythe qui forme un si beau couronnement au X° livre de la *République :* « Ce n'est point le récit d'Alcinoüs que je vais vous faire (c'est-à-dire, un récit trompeur), mais celui d'un homme de cœur, de Her l'Arménien, originaire de Pamphylie... »

2. Olympiodore, *Commentaire sur le Phédon.*

3. Pour emprunter le langage de Platon lui-même, c'est l'ὀρθὴ δόξα qui se substitue à l'ἐπιστήμη absente, de manière à faire agir de concert l'étonnement de l'imagination et l'émotion du cœur. Le philosophe croit fermement à la préexistence des âmes comme à leur

son disciple Aristote, d'avoir une réponse à toutes les questions, même les plus obscures, et là où la sagesse humaine s'efface, c'est la sagesse divine qu'il met pour ainsi dire en demeure de nous éclairer.

Soyons sincères : on ne saurait nier que ces mythes, auxquels M. Zeller ne veut reconnaître d'autre prix que leur mérite poétique, constituent une difficulté de plus dans l'interprétation du platonisme : si cet élément étranger donne plus de brillant aux idées philosophiques auxquelles il s'allie, en revanche il leur ôte de leur lucidité, de telle sorte « qu'une raison rigoureuse et précise ne trouve peut-être pas toujours son compte à ce mélange de science exacte et de poésie mystérieuse[1]. » Une sorte d'enthousiasme religieux cachait à l'auteur du *Phédon* et du *Timée* certaines lacunes de son système, dès que pour les remplir il pouvait faire appel à des traditions vénérées : mais peut-on dire que nous ayons remplacé par des solutions rationnelles tout à fait démonstratives et ne laissant plus de place au doute, ces mythes associés d'une façon si étroite par le philosophe à sa dialectique elle-même, qu'on dirait deux rameaux sortis de la même tige?

Platon semble avoir emporté avec lui son secret dans la tombe. Bien différent de son maître, le logicien Aristote, profondément dédaigneux des croyances populaires[2] et trop porté même à donner un sens grossier à tout ce qui est symbole chez ses prédécesseurs, n'a recours aux mythes que rarement et pour en dégager un principe général[3]. Cependant il en reconnaît la valeur et s'il faut ajouter foi à la tradition, de même qu'au début de sa carrière d'écrivain il avait imité Platon

---

immortalité : mais quel commentaire demander à la raison de ce passé oublié et de cet avenir inconnu? — Cf. Maxime de Tyr (*Diss.* X, 5, 175) : Πραγμάτων ὑπ' ἀνθρωπίνης ἀσθενείας οὐ καθορωμένων εὐσχημονέστερος ἑρμηνεὺς ὁ μῦθος.

1 2. M. Janet.

2 3. *Métaph.* II, 4 : Ἀλλὰ περὶ τῶν μυθικῶς σοφιζομένων οὐκ ἄξιον μετὰ σπουδῆς σκοπεῖν. Ses successeurs hésitèrent de cette défiance. Cf. Simplicius (*in Arist. de cœlo*, 129).

3 4. Voir notamment *Métaph.* I, 3, 983ᵇ,27. — *Physique*, IV, 1208ᵇ,29. — *De Cœlo*, II, 1, 284ᵃ,18. — *Histoire des animaux*, VI, 35, 580, etc.

dans ses traités exotériques, de même à la fin de sa vie il prenait plaisir à étudier l'ancienne mythologie[1]. Est-il nécessaire d'ajouter que le *Songe de Scipion* est une imitation du mythe de la *République* et que dans ces pages brillantes Cicéron rivalise d'inspiration avec son modèle[2]?

Après lui les stoïciens, désireux de concilier leur système avec ce qui restait alors de la vieille religion hellénique, donnèrent de la mythologie une explication que sa bizarrerie n'empêcha pas de trouver faveur : on sait quel usage ou plutôt quel abus ils firent de l'allégorie. Les critiques alexandrins essayèrent en vain de défendre par une plus saine interprétation les droits de la poésie : au temps de Julien, nous assistons à la transformation des brillantes divinités de l'Olympe en symboles exclusivement philosophiques. Quant au néo-platonisme, né de l'alliance du rationalisme grec et du mysticisme oriental, on a pu le comparer à un vaste mythe dialectique, où les intuitions de l'extase remplacent les inspirations de la poésie.

Pour nous modernes, qui avons de si hautes prétentions à la science positive, les mythes de Platon n'ont guère d'autre valeur que celle d'un brillant hors-d'œuvre et nous nous approprions sans réserve l'arrêt sommaire prononcé un jour par Cicéron : *Nihil debet esse in philosophia commentitiis fabulis loci*. Cependant s'il était permis de déroger par exception à cette règle sévère, ne serait-ce pas avant tout en faveur de Platon?

II. — LE MYTHE DU *Gorgias*.

L'étude précédente nous dispense d'entrer ici dans de grands détails : néanmoins les dernières pages de notre dialogue méritent d'autant plus d'attirer l'attention que là pour

---

1. *Métaph.*, I, 2, 982^b,18 : Φιλόμυθος ὁ φιλόσοφός πως ἐστιν.
2. On trouvera dans le commentaire grâce auquel Macrobe nous a conservé le *Songe de Scipion*, l'exposé des objections que les esprits positifs du temps faisaient à l'emploi des mythes de philosophie.

la première fois apparaît au grand jour cette préoccupation de l'immortalité et du monde à venir, que Platon désormais ne quittera plus. Il lui arrive de parler légèrement de la métempsycose, qui ne lui sert dans le *Timée* qu'à établir une suite de rapprochements piquants ou ingénieux : à ses yeux la survivance de l'âme est un dogme qui a droit à notre foi et à notre respect[1].

On connaît le rôle dominant de ce dogme dans les croyances égyptiennes : à Memphis et à Thèbes, la demeure de l'homme sur cette terre n'était qu'une hôtellerie indifférente : au contraire rien n'était assez grand, assez beau pour orner les tombeaux et les hypogées, sa demeure éternelle. Il n'en était pas de même dans la Grèce héroïque. Ouvrons les poèmes d'Homère : les ombres, continuant dans les enfers leur activité, mais sans intelligence et sans volonté, ont une vie aussi vaine que celle des figures que nous apercevons en songe. La notion d'une divinité offensée par les fautes des hommes, juge et vengeresse du crime, est étrangère au vieux poète[2] : la conscience morale sommeille encore. Trois siècles s'écoulent, et les odes de Pindare contiennent une éloquente attestation de l'existence d'une autre vie, où la justice céleste s'exerce d'une façon souveraine[3]. On sait les espérances données aux

---

1. On a soutenu, mais sans raison sérieuse, que lorsque Platon s'abandonne aux rêves de son imagination, on peut apercevoir, à travers l'enthousiasme de sa parole et sous les vives couleurs de sa poésie, le sourire du doute et de l'incrédulité.

2. Il semble qu'il faille faire une exception en ce qui touche le parjure (Cf. *Iliade*, III, 276). L'*Odyssée* (XI, 568) ne nous montre aucun tribunal aux enfers : Minos y juge, non la vie et les actes de chacun, mais les différends qui surgissent entre les morts. Des supplices exceptionnels sont le partage de Tityus, de Tantale et de Sisyphe : mais c'était la vengeance des Dieux qui s'exerçait dans le Tartare et ces condamnés fameux témoignaient plutôt de la puissance d'une force irritée et malfaisante, que de la réparation par une sentence divine de l'ordre violé. Il est vrai que d'après M. Ravaisson il faudrait mettre le XI° chant de l'*Odyssée* presque entier au compte d'une interpolation postérieure à l'époque homérique.

3. *Olympique* II, 87. C'est dans ses *Thrènes*, dont il ne nous reste malheureusement que des fragments, que Pindare a développé de la façon la plus explicite sa foi à l'immortalité.

initiés d'Eleusis, où le culte des mystères essayait de soulever un coin du voile sombre que la mort étend sur la destinée humaine[1]. « Heureux, écrit le poète qui se fait ici l'écho de toute l'antiquité[2], heureux qui les a vus et descend ensuite dans la terre : il connaît la fin de la vie et le commencement des desseins de Dieu. »

Ce fonds réservé de croyances, Platon s'en empare et le renouvelle par la puissance de son imagination. La discussion retracée dans le *Gorgias* est trop sérieuse pour qu'on soit tenté un seul instant de considérer le mythe final comme un *Deus ex machina* destiné à venir en aide à l'auteur dans l'embarras. Selon la remarque de M. Bénard, Platon n'a pas voulu faire mentir la loi morale au dernier moment, quand il serait besoin qu'elle eût raison et qu'elle eût dit vrai en commandant le sacrifice. La condamnation inique de Socrate, à laquelle font si clairement allusion certains chapitres du dialogue, appelle nécessairement de l'autre côté de la tombe une éclatante réparation. Mais, sans données positives, sans doctrine arrêtée sur ce problème de l'immortalité, le philosophe athénien alors que pour le résoudre il s'inspirait de ses inspirations les plus intimes, n'en écoutait pas moins les suggestions variables de son imagination. C'est ainsi qu'en reprenant plus tard le même thème dans le *Phédon* et la *République*, Platon aura l'habileté d'y introduire des développements nouveaux. Ici il s'agit surtout de montrer à Calliclès, enivré de la puis-

---

1. Un des livres philosophiques de l'Inde, la *Katha-Upanishad*, contient une bien remarquable allégorie. Un jeune homme a été voué par son père à la mort. La déesse l'engage à lui présenter trois demandes qu'elle s'engage à satisfaire. Le jeune homme obéit et voici le troisième de ses désirs : apprendre la science qui fait cesser le doute qu'on a sur la destinée de l'homme après le trépas. La Mort élève des objections. « Les dieux eux-mêmes, dit-elle, ont éprouvé jadis des doutes sur ce point : de toutes les sciences c'est là la plus difficile. Fais un autre choix. » Mais c'est en vain qu'elle fait briller aux yeux du jeune homme richesses, honneurs, plaisirs, tout, excepté les secrets de la tombe. Il faut qu'elle parle et qu'elle l'instruise de ce qu'il veut savoir.

2. Voir l'*Hymne à Cérès*, 285, — Isocrate, *Panégyrique*, c. 6, *Conseils à Démonique*, § 50.

sance de la rhétorique, et des avantages qu'elle assure au contempteur des lois, le dépouillement absolu de l'âme qui n'a pas d'autre richesse lorsqu'elle paraît devant le tribunal de Minos. Dans ce tableau, tous les traits doivent-ils être pris à la lettre[1]? Non, sans doute : nous verrons, dit Olympiodore, en quel sens le châtiment subi sous la terre est appelé éternel : c'est qu'il doit durer pendant des périodes que Platon appelle éternité, et il ajoute : « Platon se plaint à Jupiter de l'injustice des premiers jugements : Jupiter promet d'y remédier à l'avenir. Il est dans l'essence du mythe d'établir l'antériorité et la postériorité là où il y a toujours simultanéité... Les mauvais jugements, ce sont ceux de cette vie, dictés par la passion ou par l'erreur : les bons jugements, ce sont ceux des juges divins, de la sagesse et de la raison. »

Platon, dit M. Fouillée, ne sépare pas ou ne distingue pas la raison de la conscience, et on sait combien l'idée de personne est peu claire dans sa doctrine. Néanmoins dans la grave question de la vie future nous le voyons conclure, avec toute l'énergie dont il est capable, à la certitude de l'immortalité personnelle. C'est ainsi, selon la belle expression de Saint-Marc Girardin, que tandis que nous semblons redescendre vers le matérialisme païen, les Grecs, dans la personne de leurs plus illustres philosophes, s'avançaient pas à pas vers le spiritualisme chrétien.

1. Proclus (*in Timæum*, p. 297) fait observer que dans ce mythe du *Gorgias* Platon se rencontre plus que dans tout autre avec ce qu'ont chanté les poètes avant et après lui.

TABLE DES MATIÈRES

Introduction 1
   I. Les interlocuteurs 2
   II. Temps et lieu de la scène 10
   III. Date de la composition du *Gorgias* 11
   IV. Analyse du *Gorgias* 15
   V. La rhétorique, d'après Platon 17
   VI. But du *Gorgias* 21
   VII. Témoignages historiques relatifs au *Gorgias* 24
   VIII. Platon écrivain 27
Commentaire grammatical et littéraire 41
Appendice 75
   I. Les mythes de Platon 75
   II. Le mythe du *Gorgias* 86

A. LAHURE, IMPRIMEUR-ÉDITEUR,
9, RUE DE FLEURUS, 9.

MANUEL de la DISSERTATION PHILOSOPHIQUE
Par Ern. Labbé, professeur agrégé de philosophie au lycée de Nantes.

PREMIÈRE PARTIE

Cours de philosophie et analyse des auteurs philosophiques, réponses sommaires à toutes les questions du programme officiel du 2 août 1881. 1 vol. in-12. . 4 fr. 50

DEUXIÈME PARTIE

Dissertations données à la Sorbonne, dans les Facultés de lettres et dans les classes, avec observations, notes, plans, conseils et sujets traités pouvant servir de modèles. 1 vol. in-12. . . . . 3 fr. 50

DE LA CONSTITUTION
ET DES MAGISTRATURES ROMAINES
SOUS LA RÉPUBLIQUE

Par Albert Dupond, ancien élève de l'École normale, docteur ès lettres.
1 vol. in-18, broché. . . . . 3 fr. 50

LE GORGIAS
(*Extrait de la revue l'Instruction publique*)

COMMENTAIRE GRAMMATICAL ET LITTÉRAIRE DES CHAPITRES XXXVII-LXXXIII

Précédé d'une étude sur le style de Platon et suivis d'un appendice sur les mythes de ce philosophe, par C. Huit, docteur ès-lettres. . . . . 2 fr.

AUTEURS GRECS TRADUITS PAR A. LEGOUEZ
PROFESSEUR AU LYCÉE CONDORCET

Hymnes homériques, traduction littérale et commentaire grammatical. . . 1 fr. »
Denys d'Halicarnasse. Première lettre à Ammée, traduction littérale précédée d'une introduction. . . . . 0 fr. 75
Rhétorique d'Aristote. Livre II, chapitre I-XVI. Traduction littérale, suivie d'un commentaire. . . . . 1 fr. 50
Les chœurs de l'Antigone de Sophocle. Traduction et analyse avec une introduction et un commentaire. 1 fr. »
Pythiques de Pindare. Odes I, II, III. Traduction littérale précédée d'une introduction et suivie d'un commentaire et d'un appendice. . . . . . 0 fr. 75
Démétrius, vulgairement dit de Phalère. Première traduction française avec notes, par M. Guillemot, professeur au lycée Condorcet. . . . . 2 fr. »

ENSEIGNEMENT PAR LES YEUX

(*Ouvrage admis par la Commission des Bibliothèques populaires et scolaires*)

L'HISTOIRE DE FRANCE EN 100 TABLEAUX
Par Paul LEHUGEUR
PROFESSEUR D'HISTOIRE AU LYCÉE CHARLEMAGNE

La collection en feuilles. . . . . 5 fr. »	La collection sur 50 cartons. . . . . . 15 fr. »
— Cartonnée, in-folio. . . . 7 fr. 50	— Collée sur cent cartons. . 25 fr. »
— Reliée in-4°, toile riche . 10 fr. »	

L'HISTOIRE SAINTE EN 100 TABLEAUX
MÊMES PRIX QUE POUR L'HISTOIRE DE FRANCE
ON VEND SÉPARÉMENT :

ANCIEN TESTAMENT		NOUVEAU TESTAMENT	
La collection en 50 feuilles	2 fr. 50	La collection en 50 feuilles	2 fr. 50
— Cartonnée, in-folio	4 fr. »	— Cartonnée, in-folio	4 fr. »
— Reliée, in-4°	6 fr. »	— Reliée, in-4°	6 fr. »
— Toile riche	8 fr. »	— Toile riche	8 fr. »
— Sur 50 cartons	12 fr. 50	— Sur 50 cartons	12 fr. 50
— Sur 25 —	7 fr. 50	— Sur 25 —	7 fr. 50

Ces tableaux, sous la forme attrayante d'une suite d'images et de dessins ingénieusement agencés, représentent dans un ordre méthodique et chronologique tous les faits de l'histoire qu'il est nécessaire à l'enfance de connaître. (*La Presse illustrée*.)

Nous pensons que ces tableaux se trouvent appelés à rendre de grands services. (*Manuel général de l'Instruction primaire*.)

Avec de semblables tableaux, les enfants ne peuvent oublier ce qu'ils ont vu ainsi représenté, car ce ne sont plus ici des faits arides, ce sont les personnages eux-mêmes qu'on met en scène. (*Journal des Instituteurs*.)

Cette galerie frappe les jeunes imaginations de traits ineffaçables. (*La Presse*.)

C'est pour les enfants le meilleur de tous les enseignements, celui qu'ils s'assimilent non seulement sans effort, mais avec un plaisir toujours renaissant. Un texte explicatif accompagne chaque tableau et résume ce que l'enfant peut retenir sans surcharger et fatiguer sa mémoire. (*La Mode illustrée*.)

Ces tableaux, médaillés à l'Exposition universelle de 1878, ont été honorés de plusieurs souscriptions du Ministère de l'Instruction publique.

LES MILLE ET UNE NUITS
Contes arabes traduits par GALLAND, 2 vol. in-8 illustrés de 600 vignettes. 16 fr. »
2 volumes reliés en un, demi-chagrin, tranche dorée . . . . 22 fr. »

Quand, au commencement du siècle dernier, parurent les MILLE ET UNE NUITS, leur succès fut énorme, et, depuis, la critique et le temps n'ont fait que consacrer cette vogue si légitime.

ALBUMS POUR ENFANTS
LES ENFANTS TERRIBLES, illustrés par BERTALL, avec encadrements en rouge. Un volume grand in-4, cartonné. . . . . 2 fr. 50

LES ENFANTS IMPRUDENTS, illustrés de magnifiques gravures par MORIN. — Un volume in-8, cartonné. . . . . 2 fr. 50

CROQUIS D'ANIMAUX, par RENOUARD, avec de nombreuses illustrations en couleurs. Un volume in-4° cartonné. . . . . 5 fr. »

L'ÉDUCATION DE LA POUPÉE, illustrations par ADRIEN MARIE, texte par le docteur BROCHARD. In-32, couverture en satin . . . . 2 fr. »

RONDES ET CHANSONS POPULAIRES ILLUSTRÉES
A chaque chanson est jointe la musique avec un accompagnement, par M. VERRIMST, de la Société des concerts. — Un volume in-8 illustré de 230 vignettes, magnifiquement coloriées. — Prix, broché, 10 fr.; relié. . . . . 13 fr. »

Ce recueil, bien que s'adressant à tout le monde, est spécialement destiné à la jeunesse et on a fait un choix sévère des chansons, de manière à pouvoir les confier aux mains les plus innocentes. M. Verrimst a donné à tous ses accompagnements la juste mesure que comportait chacun de ces morceaux; grâce à lui, l'enfant retrouvera facilement sous ses doigts, en même temps qu'il les chantera, les airs qu'il affectionne.

LES NEVEUX DE TANTE ROSINE
Par Mme DE SILVA, ouvrage illustré de 36 vignettes, par MORIN. — Un volume grand in-8, broché, 8 fr.; relié . . . . 10 fr. »

Ce petit roman est excellent au point de vue de la morale. Excellents aussi et même émouvants sont les détails. En plus, style facile et correct, gravures soignées, papier de luxe, au total bon et beau livre.

HISTOIRE DES BEAUX-ARTS
Représentant les chefs-d'œuvre de l'art chez tous les peuples et à toutes les époques, par RENÉ MÉNARD, rédacteur en chef de la *Gazette des Beaux-Arts*. — Un magnifique volume in-8, illustré de 414 gravures. — Prix, broché, 12 fr.; relié. . . . 15 fr. »

Ouvrage admis dans les bibliothèques scolaires, honoré des souscriptions de M. le Ministre de l'Instruction publique, de M. le Préfet de la Seine, médaillé par la Société pour l'instruction élémentaire, récompensé d'un diplôme de mérite à l'Exposition universelle de Vienne.

www.ingramcontent.com/pod-product-compliance
Lightning Source LLC
LaVergne TN
LVHW050628090426
835512LV00007B/730